Piensa lo bueno y se te dará

Colección Metafísica
CONNY MÉNDEZ
(1898-1979)

Ediciones Giluz
Bienes Lacónica, C. A.
Distribuidora Gilávil, C. A.
2024

Piensa lo bueno y se te dará

Conny Méndez

Segunda edición, reimpresión de diciembre de 2024
Derechos exclusivos conforme a la ley reservados para todo el mundo: Copyright © 2001, 2024 **Distribuidora Gilavil, C.A.**
Editado por:

Editado por
Ediciones Giluz
ISBN-10: 980-369-082-5
ISBN-13: 978-980-369-082-3
Depósito Legal: lf57520111102556

Distribuidora Gilavil, C. A.
Apartado Postal 51.467
Caracas 1050, Venezuela
Tel: +58 (212) 762 49 85
Tel./Fax: +58 (212) 762 39 48

Para más información por favor escriba o visite:

E-mail:	infolibros@metafisica.com
Web:	www.connymendez.com
Instagram:	@connymendez - https://conny.co/igr
X:	@connymendez - https://conny.co/x
TikTok:	@connymendezoficial - https://conny.co/tok
Facebook:	ConnyMendezMetafisica - https://conny.co/fb
YouTube:	@ConnyMendezMetafisica - https://conny.co/yt

Diagramación de portada y textos: Diego Gil Velutini
Editor de textos: Rayza E. González R.

Ninguna parte de esta publicación, inclusive el diseño de la cubierta, puede ser reproducida, transmitida o almacenada en manera alguna ni por ningún otro medio, ya sea mecánico, eléctrico, digital, químico, óptico, de grabación o de fotocopia, sin permiso previo por escrito de la editorial.

Colección Metafísica Conny Méndez

Originales:

- ✔ Nuevo: *Metafísica 4 en 1*, Vol. I. (italiano)
- ✔ Nuevo: *Metafísica 4 en 1*, Vol. I. (francés)
- ✔ Nuevo: *Metafísica 4 en 1*, Vol. I. (japonés, en dos tomos)
- ✔ Nuevo: *Metafísica 4 en 1*, Vol. III
  Próximamente: *Metafísica 4 en 1*, Vol. IV

Metafísica al Alcance de Todos. Nueva edición
Metaphysics for everyone, (*Metafísica al alcance de todos*, en inglés)
Te Regalo lo que se te Antoje. Nueva edición
El Maravilloso Número 7. Nueva edición
Quién es y quién fue el Conde Saint Germain. Nueva Edición
Piensa lo bueno y se te dará. Nueva edición
Metafísica 4 en 1, Vol. I y II. Nuevas ediciones
Power through Metaphysics (*Metafísica 4 en 1*, Vol. I, en inglés)
El Nuevo Pensamiento. Nueva edición
¿Qué es la Metafísica? Nueva edición
El Librito Azul. Nueva edición
Un Tesoro más para ti. Nueva edición
La Carrera de un Átomo. Nueva edición
Numerología. Nueva edición

Traducciones:

El Libro de Oro de Saint Germain. Nueva edición
Misterios Develados. Nueva edición
Los Secretos de Enoch (por Luisa de Adrianza)
La Mágica Presencia. Nueva edición
Palabras de los Maestros Ascendidos. Vol. I y II. Nuevas ediciones

Otras obras

Autobiografía/humor/caricatura:

La chispa de Conny Méndez. Humor y memorias. Nueva edición

Música:

Cien Años de Amor y Luz
Conny Méndez instrumental
La Cucarachita Martina (libro de música infantil)
Imágenes Románticas (interpretación de María J. Báez)

Disponibles impreso en papel, e-book y audiolibro en www.metafisica.com

Piensa lo bueno y se te dará

Colección Metafísica
CONNY MÉNDEZ
(1898-1979)

Ediciones Giluz
Bienes Lacónica, C. A.
Distribuidora Gilavil, C. A.

Conny Méndez

Contenido

Introducción 11
Prefacio 13
Cristianismo dinámico 15
La fe 19
La mecánica del pensamiento 23
La verdad del ser… 27
Como es abajo es arriba 33
La Palabra… 35
La vibración 41
El vacío 49
El derecho de conciencia 55
Polaridad 59
La Bendición 63
Alma 65
Hoy 75
Ídolos 79
La muerte 83
La reencarnación 91
  Salmo 91 94
El signo de Acuario 97

Colección Metafísica 4 en 1 102
Conny Méndez, una venezolana fuera de lo común ... 111

Contenido

Introducción 11
Prefacio 13
Cristianismo dinámico 15
La fe 19
La mecánica del pensamiento 23
La verdad del ser… 27
Como es abajo es arriba 33
La Palabra… 35
La vibración 41
El vacío 49
El derecho de conciencia 55
Polaridad 59
La Bendición 63
Alma 65
Hoy 75
Ídolos 79
La muerte 83
La reencarnación 91
   Salmo 91.. 94
El signo de Acuario 97

Introducción

*L*as *verdades más profundas pueden ser perfectamente comprendidas por toda persona mayor de diez años y de mediana inteligencia, siempre que le sean presentadas en lenguaje sencillo y en una forma que puedan aplicar a su vida diaria.*

Los tratados de Filosofía y Metafísica contienen un tesoro de enseñanzas para el logro de una vida próspera, feliz y asegurada contra todos los males corrientes que aquejan al ser humano; pero la fraseología técnica está más allá de la comprensión de la persona común. Diríase que los grandes pensadores y maestros, lejos de sentir el deseo de compartir el tesoro con la mayoría, se esforzaron en ocultarlo tras barricadas retóricas y jerigonzas especiales.

No hago sino simplificar las normas de mi maestro, el doctor Emmet Fox, al pretender hacer inteligible, aunque de modo condensado, dicho tesoro metafísico, presentándolo en los términos de la vida cotidiana y corriente.

Nada, pues, de lo que aquí aparece es nuevo. Todo ha sido anotado desde Enoch, el cual La Biblia remonta al sexto descendiente de Adán.

Jesús pasó los años ocultos en el monasterio esenio de Qumrán, en donde fue educado según las enseñanzas de Enoch. Más tarde, en la controversia que se estableció entre judíos y cristianos, todos los textos de Enoch fueron recogidos y quemados por ambos bandos, salvo unos cuantos ejemplares que lograron ocultar algunos particulares.

Los cristianos de los primeros siglos querían borrar toda indicación de que las enseñanzas del Maestro eran de origen judío; y los judíos repudiaban a Jesús y destruían todo lo que pudiera identificarlo con ellos. Las autoridades de la iglesia cristiana hicieron adulterar y mutilar sus textos en donde apareciera que la enseñanza se originaba en Enoch. El resultado de esto fue el Nuevo Testamento que deja en la oscuridad el fondo de la verdad.

El monasterio también pereció por el destrozo; pero los esenios pudieron rescatar su valiosa biblioteca que ocultaron en las cuevas que están en proceso de descubrimiento y llamadas hoy «del Mar Muerto».

La Organización Rockefeller ha instalado un gran establecimiento, dedicado a autenticar y traducir los pergaminos que van apareciendo, entre ellos, los originales de Enoch y los textos auténticos de La Biblia.

Conny Méndez

Caracas, febrero de 1961

Prefacio

Coloca este librito en lugar muy visible. No creas que con una sola leída vas a poder absorber todo lo que contiene. Vuélvelo a comenzar al terminarlo y verás que lo encuentras nuevo, más lógico y más interesante. Esto te sucederá cada vez que lo vuelvas a releer, porque la Verdad es una fuerza vital que remueve células dormidas.

A pesar de que vas a tener demostraciones, al parecer milagrosas, apenas comiences a poner en práctica las leyes que aquí aprenderás; a pesar de que tu entusiasmo te llevará a querer compartir con otros tus nuevos conocimientos, no trates de convencer a nadie de que aprenda la Verdad. Si lo haces, encontrarás que aquéllos que tú creías más preparados para recibirla son los que menos simpatizan contigo. Es que «Cuando el discípulo está preparado aparece el Maestro», dice una máxima ocultista. Enseña con amor a todo el que te pida consejo. Sabrás lo que debes decir si le pides al Ser Divino que hable por ti.

«Nobleza obliga», dice la máxima, y el que aprende las Leyes Superiores está más obligado a emplearlas con toda corrección que aquel que las ignora. No

trates jamás de aventajarte en perjuicio de otros por el hecho de conocerlas. Aquel que se cree autorizado para aprovechar su conocimiento a expensas de un tercero, o que se considere dispensado de cumplir las reglas comunes de las buenas costumbres por el hecho de poseer conocimientos superiores, incurre en los castigos, a veces severísimos, que trae el tratar de burlar las leyes.

El metafísico es mejor inquilino, mejor amigo, mejor padre, mejor gobernante, mejor ciudadano, mejor prójimo, mejor hijo, mejor deudor, mejor patrón y mejor empleado que los demás que no son metafísicos, por el mismo hecho de conocer las leyes inmutables y sus efectos.

Cristianismo dinámico

Antes de emprender cualquier oficio, el candidato que lo va a desempeñar recibe instrucciones o estudia la técnica del oficio. El único oficiante que emprende su cometido totalmente a ciegas es el ser humano al lanzarse a la máxima tarea de vivir sin brújula, compás o diseño, sólo equipado con el material secundario y sin nociones de preparación básica, es lanzado al laberinto ¡y ojalá que no incurra en el mal!

Hay vidas que transcurren entre la opulencia y las satisfacciones. Otras transcurren en la miseria. Las hay que se inician con todas las ventajas de la educación, la ciencia, la medicina, la religión y todas las previsiones que pueden idear el afecto y la fortuna, ¡y las persigue un hatajo de calamidades! ¿A qué se debe la colección de diferencias?

La Primera Ley de la Creación es la siguiente: lo que piensas se manifestará. No solamente en tu cuerpo y tu carácter. En lo exterior. En lo material. En tus condiciones. En lo que te ocurre. Tu propio concepto es lo que tú ves suceder.

Si tienes formado el concepto de que la salud es el estado natural del hombre, eres de constitución saludable hagas lo que hagas. Si tu concepto es que la riqueza es inevitable, serás siempre rico. Si consideras que tu destino es la pobreza, los accidentes, la muerte, los achaques de la vejez, la mala o buena suerte, ser víctima de la maldad o merecedor de todo lo mejor, la lucha constante o la plenitud sin esfuerzo; lo que quiera que tú esperes normalmente, o aquello con que tú cuentas en mal o en bien, ésa es la condición en que vives o verás manifestarse.

No se está jamás consciente de la mayoría de estos conceptos. Se forman involuntariamente cuando se ignoran las Leyes de la Creación. Éstas constituyen la brújula, el compás y la materia prima con que se debería equipar a un niño antes de aprender el alfabeto.

Con lo que hasta aquí has leído, te habrás dado cuenta de que el hombre no es lo que siempre se ha creído: un corcho en medio de una tempestad, batido aquí y allá según la ola. Su mundo, sus circunstancias y todo lo que le ocurre en su vida son creaciones de él y de nadie más. Él es quien ordena. Si su concepto de la vida es que está en una tempestad y él es un corcho en medio de ella, así será. Él lo ha ordenado y permitido. Él es el rey de su mundo. Eso es lo que significa «nacer con libre albedrío». Libre de escoger entre pensar positivamente o pensar negativamente. Toda su vida, todos sus logros o sus fracasos, todas las manifestaciones dependen del concepto que tenga establecido en el subconsciente. Hoy sabemos que lo que pensamos a menudo pasa al subconsciente y se radica allí actuando como reflejo. La psicología lo ha comprobado. La metafísica y la filosofía ahondan mucho más en la mecánica expresada pero, como dije anteriormente, lo exponen en una forma tan compleja y enredada que casi no es posible comprenderla.

Cuando el pobre ser humano se ve envuelto en los efectos de su ignorancia; cuando ha producido alguna calamidad que lo tortura, se vuelve hacia Dios y le suplica que lo libre del sufrimiento. La experiencia diaria nos comprueba que a veces «Dios atiende» pero otras veces no. Cuando Dios no atiende, el pobre ser humano es consolado por sus familiares y amigos con las siguientes palabras: «Hay que resignarse ante la voluntad de Dios». ¡Como si la voluntad de Dios fuera mala! El mismo Jesús dijo: «Paz en la tierra a los hombres de buena voluntad». ¿Y podrá creerse que Dios esté gozando de su paz celestial impunemente estando impregnado de mala voluntad?

La oración es de una potencia extraordinaria porque es de un grado altamente positivo. Es dirigir el pensamiento al propio origen del Bien y del Amor y no existe nada más alto. Debe manifestarse el Bien instantáneamente. Debe transformar a ojos vista, como milagro, aquello que necesita transformarse. Pero como la Primera Ley de la Creación es que el concepto es lo que rige en los asuntos de los hombres, si el concepto que el suplicante tiene de Dios es que Él es un magnate caprichoso, lleno de mala voluntad, que manda pruebas y castigos más a menudo que premios y beneficios, el suplicante verá manifestarse su concepto de Dios. Es tan sencillo como te lo digo.

«¿Y por qué si Dios es todopoderoso no interviene para que no suceda esto y aquello y lo de más allá?», preguntan los hombres. Porque Dios es Principio. El Principio inquebrantable. Inquebrantable significa que no varía. Tampoco puede entrometerse a quebrantar los otros principios que Él ha creado. Si te creó con libre albedrío, Él es el primero en respetarlo. Tú escoges tus conceptos, tus opiniones, tus deseos, tus pensamientos; das tus órdenes y Él es el primero en considerarlas. Ahora, si el pobre ser humano del cual estábamos hablando, eleva su pensamiento al plano de Dios (y ésta no es sino otra forma de llamar a la oración), si el ser humano trata de calmar su angustia y se obliga a pensar en algo bueno, verá el milagro que pide; porque se ha quitado él mismo del camino. Porque ha puesto el problema en manos de Dios, o sea, en el Plano del Amor. Esto se llama Fe.

La fe

Habrás visto que la Fe es un sistema, una manera de actuar. La Fe tiene dos nombres: Fe y Temor. Los dos son una misma cosa y una misma fuerza. Se le llama Fe cuando se espera lo bueno; se le llama Temor cuando se espera lo malo. Así es, tan simple como suena. Cuando tú sientes temor estás presintiendo algo malo; o sea, presintiendo, anticipándolo, esperándolo con todas las fuerzas de tu alma, y él no se hace esperar. Lo estás llamando y tiene que atender porque tú lo mandas. Cuando te ocurre lo que tú estás temiendo, generalmente anuncias con aire triunfante: «¡Ah!, ¡yo lo sabía! ¡Lo presentía!» Y por supuesto, tienes razón; pero ahora verás que no es que iba a suceder inevitablemente y que tus facultades superiores o tus dotes de vidente te lo anunciaron, sino que tu pensamiento lo creó, atrayendo lo necesario para que se manifestara.

Todo pensamiento que va acompañado por un sentimiento se manifiesta más rápidamente y con mayor fuerza. Esto forma parte de la Ley Primera. El temor es un sentimiento muy fuerte. Por eso es tan terrible todo lo producido por la combinación del pensamiento y temor. Los accidentes de tránsito que producen la muerte o invalidez, los infartos, el cáncer, la úlcera estomacal y tantas otras atrocidades que aquejan a la humanidad ignorante.

Por supuesto te veo pensando en las causas materiales de todas estas cosas. Te veo protestando interiormente porque siempre se le ha dado importancia a la causa material; por ejemplo, los gérmenes y microbios causantes de muchas enfermedades; pero es que esos virus y gérmenes no son sino efectos, a su vez, y no causas. La causa original está en la mente. El germen no es sino uno de los eslabones de una cadena. La enfermedad es el eslabón que le sigue. Te estoy tratando de llevar hacia atrás, y no hacia adelante, en el orden de la creación. La causa material es un producto ya terminado. El diseño original, básico, es el pensamiento. Todo lo demás que proviene después en lo exterior, no es otra cosa que el material disponible para la realización de la obra. ¿Me comprendes?

La fe es la otra cara de una misma moneda. Por una cara está el temor, por la otra la fe. La fe es positiva. El temor es negativo. La fe produce el aspecto bueno. El temor produce el aspecto malo. ¡Nadie tiene fe jamás de que vaya a suceder algo que se considera malo! El pensamiento que está acompañado por la fe es, pues, bueno y se manifiesta más rápidamente y con mayor fuerza que su opuesto. Es posible aprender a tener fe; Ella viene por el conocimiento. Al aprender a emplear la maquinaria de la fe, desaparece todo el temor.

Tú sabes que la capital de tu país está en tal o cual parte. Tienes ese conocimiento porque te lo han enseñado los que lo conocen. Tú no lo pones en duda y sabes que si tomas el tren o el avión o el auto para dirigirte a la capital, vas para la capital y no para la luna. Pues eso es fe. Tú tienes fe en que la capital existe y que tu deseo o tu necesidad te llevan a ella. Tienes fe en llegar a ella. ¡No temes llegar a la luna! El conocimiento destierra la duda. La fe destierra el temor.

Ya sabes, pues, que el pensamiento negativo produce un efecto que llaman «malo». Que el pensamiento positivo produce el efecto que llaman «bueno». Conoces el peligro de acompañar lo negativo con el temor. Esos resultados «malos», efectos del pensamiento negativo y del temor, son los llamados castigos que las iglesias y la gente buena han creído «ser mandados por Dios». ¿Te das cuenta de la magnitud del error?

Jesús dijo: «Tal como piensa el hombre en su corazón, así es él». ¡Aquí está expresada en una cápsula toda la explicación anterior! El pensamiento unido al sentimiento «piensa en su corazón» y la frase minúscula: «así es él» encierran todo en un capítulo; pues el hombre y su mundo son uno. El hombre y todo lo que él reproduce, exterioriza, fabrica, posee y reúne en su entorno son uno con él; y él (más todo lo enumerado) es un reflejo exacto de la imagen que tiene asentada en el alma.

Salomón dijo antes y aún más claro:

Según piensas en tu alma, así es.

PROVERBIOS, 23:7

La mecánica del pensamiento

Todo el día y toda la noche estamos pensando una infinidad de cosas distintas. Pasa por la mente una especie de película cinematográfica constante, pero desconectada. Entre tantas ideas diferentes nos detiene alguna que otra. A éstas las contemplamos mentalmente, les damos vueltas, posiblemente las comentamos con alguien y luego volvemos a repasarlas más tarde. Esas ideas se convierten en imágenes mentales. La imagen mental es lo que pasa al subconsciente, se establece allí y vuelve, y es lo que llaman los psicólogos «un reflejo».

Los psicólogos no estudian sino los reflejos que gobiernan el comportamiento y las aberraciones mentales. Los metafísicos abarcan un campo mucho más amplio y saben que los reflejos gobiernan no sólo al hombre sino también a todo lo que le ocurra al hombre exteriormente.

Tantas veces se contemple o se estudie una idea, tanto más se arraiga su reflejo en el subconsciente. El subconsciente no discierne. Ésa no es su función. Él no tiene poder para protestar. No tiene voluntad propia.

No tiene sentido del humor. No sabe si la orden que le hemos dado es un chiste o es en serio. Su función consiste: primero, en almacenar las imágenes mentales y luego lanzarlas hacia afuera como salen las copias fotostáticas. Es un autómata o un robot. Es un servidor maravilloso que nos economiza toda la tarea de recordar y poner en práctica todo lo que vamos aprendiendo y que hemos ido aprendiendo ¡desde que no éramos más que una gota de agua en el océano! Es, pues, un secretario, archivador, bibliotecario insigne. Al no haber archivado la imagen mental que le preparamos, él comienza a reproducirla, aprovechando la más insignificante oportunidad, para el resto de la vida y las vidas del sujeto, hasta que el sujeto le da la orden de cambiar una imagen por otra.

Ejemplo: ¿Recordarás tú la primera vez que oíste mencionar el catarro? No puedes recordarlo; eras muy pequeñito. La noticia te vino de tus mayores y, por lo tanto, no la pusiste en duda. La aceptaste como cosa natural. Después te enseñaron a temerlo. Te advirtieron las causas del catarro y te dijeron que si se te enfriaba el sudor en tu cuerpecito, si entrabas en contacto con algún amiguito catarroso, si te caía alguna llovizna o si te ponías en una corriente de aire, inevitablemente te daría catarro. Todo eso lo viste en tu mente con puntos y detalles. Pasó a tu subconsciente y ya no tuviste que recordar más nunca las advertencias que te hicieron tus mayores. Tú no las volviste a pensar, pero tu subconsciente reprodujo con toda fidelidad un buen catarro (el mejor que pudiera producir) cada vez que se te enfriaba el cuerpo, cada vez que te ponías en una corriente de aire, cada vez que se te acercaba un acatarrado y cada vez que te caía un aguacerito ¡Fíjate bien! Tú no tuviste que volver a pensarlo jamás, pero tu subconsciente jamás ha olvidado la orden; hasta el sol de hoy, continúa entregándote (muy complacido y como quien entrega un regalo) un estupendo catarro cada vez que te descuidas, porque ya tú estás acostumbrado a cuidarte y hasta le refieres a tus amistades el cuento de que «yo no soporto una corriente de aire» o huyes del que tenga catarro o dices «no te acerques que tengo catarro» y hasta lo llamas «mi catarro». Todo lo cual renueva y reafirma la orden dada al subconsciente ¡como si éste la necesitara!

Esta mecánica es igual para todos los demás males que aquejan al ser humano, desde el catarro hasta la muerte. Accidentes, luchas, vejez, pobreza, «mala suerte», fealdad moral, «pecados», cataclismos, guerras, mal tiempo, crisis monetaria, enemistades, pleitos, etc. Los hombres varían, pero el proceso de reproducción es siempre el mismo.

La ley que estoy explicándote se llama El Principio de Mentalismo y es la Primera Ley de la Creación. Éste es el universo mental. Esto es lo que quiere decir la Metafísica cuando dice «Todo es Mente».

Las Leyes de la Creación son siete.

La verdad del ser...

*F*elizmente no estamos obligados a soportar eternamente el castigo que encierra un concepto mal formado. Somos libres y si queremos podemos cambiarlo por otro que produzca satisfacciones, premios y bendiciones. De la misma forma que se produjo la imagen antigua se produce la nueva; sólo hay que borrar primero la antigua. Hay que desocupar el lugar en que estaba para habitarlo con la imagen nueva. Tal como se borra una letra errada o superflua en una palabra escrita para sustituirla por otra o para eliminarla.

La experiencia ha determinado la técnica a seguir para borrar todo lo indeseable. Es la siguiente: cada vez que te ocurra algo desagradable, piensa y luego repite en voz alta: «No lo acepto. Lo niego. Lo rechazo». No te alteres, no le pongas énfasis a lo que dices, simplemente dilo con toda calma.

Con la fe que debe darte que tu palabra es una orden que tiene que ser cumplida incondicionalmente. Tú no ves el cambio que ocurre en ti en ese momento. Tal vez no veas el resultado inmediato en el exterior, a menos que estés muy atento a las pequeñas señales;

pero de acuerdo con el grado de fe y de convicción que sientas al formular la negativa, así será el resultado. Si tu fe y convicción son fuertes, el resultado será instantáneo, como un milagro.

La experiencia también nos ha enseñado que no se puede dejar el «hueco» vacío o medio vacío. Hay que llenar inmediatamente el espacio desocupado. Al terminar de expresar la negativa tienes que afirmar «la Verdad», como se dice en el lenguaje metafísico. «La Verdad» es la imagen nueva que ha de grabarse y reproducir El Bien para toda la eternidad. Nos interesa que esta imagen sea lo mejor posible. Que sea la verdad entera y no una media verdad. Que constituya la voluntad de Dios, pues Dios es La Verdad y El Bien.

Tal como enseñó Jesús: en el hombre está Dios. En todo hombre hay el Ser Divino. Todo hombre logra verlo, conocerlo y sentirlo algunas veces en el curso de su vida terrena. Es aquel que surge en un padre cuando le presentan su primer hijo recién nacido. Cuando se enamora por primera vez. Cuando se lanza a salvar a otro que está a punto de caer bajo las ruedas de un automóvil. Cuando se compadece ante una desgracia ajena. Cuando se olvida de sí para emprender un acto heroico. En todos esos momentos actúa el Ser Divino. Pasado ese momento prima la conciencia terrena, que no es «mala». Sólo escasa de evolución o adormitada.

El Ser Divino es la Verdad tuya, mía y de todos. Él es perfecto, bello, no envejece, no se enferma, no peca, no muere, no sufre, no lucha, no le falta por aprender, todo lo sabe, no falla jamás, no cambia jamás, no teme, no duda y está atento en todo instante a nuestra más insignificante plegaria. Es la Verdad Perfecta. Es Amor, Inteligencia, Vida, Verdad, Alma, Espíritu y Principio, o sea, las Siete Fases de Dios, porque el Ser Divino es Hijo de Dios, una célula de Dios mismo. Esto no es Panteísmo. El hombre no es Dios; así como una gota de agua de mar no es el mar; pero en una sola gota de agua de mar se encuentran todos los componentes del resto del mar. Ella es una célula del mar.

Como nuestra conciencia está adormitada (restringida como un botón de rosa que se va abriendo poco a poco), no sabemos determinar exactamente lo que es el Bien y la Verdad. Quisiéramos que alguien nos lo indicara, nos enseñara y nos dictara la imagen que debemos grabar. Ese «alguien» lo tenemos en el Ser Divino. Jesús dijo: «Conoced la Verdad y ella os hará libres». Todo lo que hay que hacer, al ir a formar una imagen nueva que sustituya la vieja, es recordar al Ser Divino. Simplemente recordarlo. Al instante, Él inspira la nueva imagen. Digamos que te sientes resfriado, para seguir el mismo ejemplo original, ya sabes que se debe a la imagen que tienes grabada en el subconsciente. Ya sabes que ese resfriado es un reflejo. Si no te agrada el resfriado (porque hay personas que gozan con las enfermedades, las hacen sentirse importantes), lo niegas, lo rechazas, no lo aceptas; y luego recuerdas tu Ser Divino. Al transferir tú el pensamiento del resfriado a la Verdad del Ser, se enchufa (tal como una clavija en un tablero telefónico) en la Verdad correspondiente y «ves» la nueva imagen que debes grabar: la imagen opuesta a la enfermedad es la vida. «Yo soy Vida» debes decir en alta voz. «Yo soy la Vida. La vida es salud. La salud es lo opuesto a la enfermedad. La salud es la única verdad». Extiéndete por ese camino hasta donde quieras. Recuerda que estás formando una imagen. Mientras más la «veas» mejor para ti. Piensa lo bueno.

Esto es muy diferente de la autosugestión, pues ésta sólo consiste en repetir como un loro una frase estereotipada, optimista, siempre igual. La autosugestión no logra sino desflorar la superficie, sin penetrar el asunto y sin conocimiento de causa. La Verdad del Ser razona, investiga, resuelve, penetra y destruye la causa; limpia, sana y renueva el subconsciente, lo fortifica, adelanta al ser humano y le ensancha la conciencia. Es una verdadera cura, segura y radical, es una cura segura para los defectos, los efectos y los «pecados», pues éstos también son reflejos e imágenes grabadas.

El tal «pecado original» verás que no es otra cosa que el concepto, o sea, la imagen que ocasiona el reflejo. Las iglesias creen que es culpa del «diablo».

El Ser Divino vive permanentemente en el ambiente que llamamos «celestial». Es el ambiente del Bien. No lo olvides, pues ésta también es la purísima verdad. Mientras más te identifiques con ese ambiente, más lo reproducirás en tu vida exterior, en tu vida diaria. La sensación que más semejanza tiene con lo que deben sentir los hijos de Dios en todo momento es la que sentimos cuando recibimos un magnífico regalo. Cuando damos las gracias por un presente que nos llena de satisfacción, sentimos algo que es mezcla de alegría y ternura, ¿no es así? Bien, ése es el estado de ánimo del que mora «en el Cielo» y ése es el carácter del Ser Divino. Cuando se está en ese estado de ánimo, el «mal» se aleja. El no soporta ese clima. No le gusta. No se aviene a su naturaleza. Por lo tanto, el tercer paso que la experiencia nos ha enseñado a dar, en la práctica de la Verdad del Ser, es el siguiente: Cuando hayas terminado de hacer lo que llama el lenguaje metafísico «un tratamiento», o sea, negar y afirmar, siempre da las gracias a Dios como si ya hubieras recibido el premio. Cierra tu tratamiento con una expresión de inmensa gratitud por el bien ya recibido. Ésta es una manifestación de fe. San Pablo dijo: «La Fe es la evidencia de las cosas que no se ven». Y Jesús dijo: «Siempre que ores, cree que recibes, y recibirás».

Este tratamiento está descrito y expuesto en La Biblia, por supuesto que en los términos bíblicos, tan simbólicos y encubiertos que ha sido necesaria la labor consagrada de expertos en semántica, lingüística, filología clásica y simbología para desentrañar el sentido. La Biblia lo llama «Manasés y Efraín» y tiene mucho que decir respecto a estos dos hermanos. Jesús, el Cristo, lo enseñó en la forma siguiente: «El que quiera alcanzar la vida eterna, que se niegue a sí mismo y luego me siga a mí».

No quería decir que siguiera al hombre Jesús sino al Cristo. La palabra Cristo viene del griego «Krystós», que significa «el Ungido», o sea, el Hijo de Dios, La Verdad.

En el Nuevo Testamento, Jesús menciona el tratamiento así: «Que sea vuestro hablar No, No; Sí, Sí, porque lo que pasa de esto de mal procede».

Como es abajo es arriba

Como dije al comienzo, mi empeño es poner en los términos más sencillos (a la altura de un ser mayor de diez años y de inteligencia corriente) el significado de los tratados metafísicos, filosóficos, psicológicos y de simbología religiosa, tan oscura para la mayoría y, por lo tanto, prohibitivos y desperdiciados en su totalidad, a pesar de que son un tesoro inapreciable; y nada de lo que estoy exponiendo aquí es nuevo. Todo está dicho, descubierto y enseñado desde los tiempos más remotos. Sólo está ignorado o mal comprendido.

En cualquier tratado de biología encontrarás expuesto, en términos técnicos, lo que ahora te voy a describir en palabras «de a centavo». Cuando tú frunces el ceño y amarras la cara, se opera una reacción en la médula cerebral, que baja junto con el fluido de la columna, se infiltra en el hígado después de haber pasado hasta allí por medio de un proceso que llaman «de ósmosis». Una vez que ha entrado en el hígado transforma la colesterina en bilis; la bilis altera el humor poniéndote amargo y ese mal humor te hace amarrar la cara y fruncir el ceño. Es un círculo vicioso que te mantiene en el clima «infernal», en el cual el mal se encuentra a sus anchas, se alimenta y crece y atrae todo lo de su clase que esté flotando por ahí.

Ahora invirtamos el proceso para ver lo que pasa. Al sentirte con el ceño fruncido y la cara amarrada o al pasar por un espejo y constatar tu expresión, oblígate a sonreír y a relajar esos músculos apretados. Se lo debes a tu salud y a tu alma. Inmediatamente se transforma el fluido cerebro-espinal. Cuando llega al hígado actúa como un baño de gracia. Te sientes bien, alegre, respiras profundo, se te endulza la expresión. Estás en el clima celestial. Allí no prospera el mal. Huye de él. Allí no ocurre sino lo bueno. Tú escoges. ¿Vives en el cielo o en el infierno?

«Como es arriba es abajo; como es abajo es arriba». Así lo dijo Hermes para explicar la Segunda Ley de la Creación, que se llama Principio de Correspondencia. Para nuestros propósitos basta el ejemplo que te di en los dos párrafos anteriores. Verás que el cuerpo y el espíritu se complementan. Tienen que andar juntos y actuar conjuntamente. No podemos divorciarlos. Si el ser humano está feliz, está sirviendo al Ser Divino. Si el hombre está infeliz, se aparta del Ser Divino y, por lo tanto, no está sirviendo a Dios, ya que el Ser Divino de cada hombre es una célula de Dios, o sea, el Hijo de Dios.

La Palabra...

«En el principio era el Verbo y el Verbo era con Dios, y el Verbo era Dios, y se hizo carne y habitó entre nosotros». Así comenzó Juan el Apóstol su Evangelio. Hasta ahora se había creído que «el Verbo» no podía ser otro sino Jesucristo. No. Las catorce primeras estrofas de su Evangelio las escribió Juan como una lección y como una afirmación metafísica para preparar su mente a lo que iba a decir, para que todo fuera de acuerdo con la Verdad (he resumido las estrofas para no alargar indebidamente estos textos). La afirmación no tiene conexión con el Evangelio en sí.

El Verbo significa lo que es: La palabra, pero expresado en los términos poéticos y grandilocuentes que tanto gustaban en aquella época. La palabra es el pensamiento hablado y en ese sentido la empleó Juan, convocando a la Verdad para que hablara por él en sus palabras. «Se hizo carne» fue el decreto que se manifestara; «y habitó entre nosotros» es la reafirmación de este decreto. Al mismo tiempo es una información para la posteridad: «En el principio...».

Juan fue enseñado íntimamente por el propio Maestro de la Metafísica cristiana y nos asombra lo bien que expresa el proceso la frase: «Se hizo carne y habitó entre nosotros», además de que de un solo golpe afirma la fe. «La fe es la evidencia de las cosas que aún no se ven». La Biblia toda es un poema.

Jesús dijo: «Por tus palabras serás condenado, y por tus palabras serás justificado». Más claro no puede expresar la misma verdad. También dijo: «No es lo que entra por su boca lo que contamina al hombre, sino lo que sale de su boca, porque lo que de la boca sale, del corazón procede». Otra diáfana manera de expresar la misma verdad. Se lo dijo a los judíos para rebatirles la creencia de que era «malo» comer ciertas cosas, como comer en la compañía de los gentiles.

Sin embargo, nada de esto ha sido tomado en serio por las iglesias; y la gente (imperdonable en los sacerdotes) continúa hablando tonterías sin darse cuenta de que cada palabra que pronuncia es un decreto que se manifiesta en ellos y en sus vidas. Sobre todo aquello de que la voluntad de Dios es algo desagradable y duro de aceptar.

Te propongo que resuelvas un día poner atención a todo lo que digas durante ese día. Te sorprenderá la cantidad de decretos negativos que lanzarás.

Vamos a recordarte algunos de los que emplea la mayoría a diario, y tú entre ellos, por supuesto: «Los negocios están malísimos»... «Las cosas están muy malas»... «La juventud está perdida»... «El tráfico está imposible»... «El servicio está insoportable»... «No se consigue servicio»... «No dejes ese dinero allí porque lo van a robar»... «Los bandidos están asaltando en todas las esquinas»... «Te vas a caer»... «¡Te vas a matar!»... «Te va a pisar un carro»... «¡Vas a romper ese vaso!»... «Yo tengo tan mala suerte que»... «Yo tengo muy mala memoria»... «Yo no puedo probar eso, me hace daño»... «Mi reumatismo»... «Mi alergia»... «Mi dolor de cabeza»... «Mi mala digestión»... «Ése es un bandido»... «Ésa es una desgraciada»... «¡Cuándo no! ¡Tenía que ser!»... etc. Una vez pronunciado el decreto, procede a manifestarse.

¡Y todo eso es mentira! A la luz de la Verdad del Ser es mentira. Todo eso es dicho por costumbre, sin pensarlo siquiera, porque «del corazón procede». Todo fue grabado con la palabra y el sentimiento. Fue aceptado por el pensamiento.

Claro está, las imágenes ya están lo que se llama metafísicamente «cristalizadas» en el subconsciente por venir desde muchas vidas anteriores. Al principio tu conciencia no captará la posibilidad de reformarlo todo, pero devanando la cuerda se llega al hilo. Basta con un gramo de buena voluntad. Basta con el deseo expresado, o simplemente sentido, para comenzar a deshacer toda la cristalización. Basta con que cada vez que te encuentres expresando un pensamiento negativo, lo niegues, lo rechaces y digas que ya no aceptas más esos conceptos. Luego ve la Verdad del Ser, da gracias con toda tu alma por la sublime oportunidad que se te ha brindado para limpiar tu subconsciente y sanar tu alma. De un solo golpe te has confesado, arrepentido y perdonado; pues la confesión y el perdón no son válidos sino frente a uno mismo. Después, si tú eres católico, puedes cumplir con los preceptos de tu iglesia si tú quieres, pero al primero a quien hay que perdonar es a uno mismo. Hay personas que no se perdonan jamás el haber faltado en algo y, por lo tanto, se odian. Eso es soberbia y venganza. ¿Con qué derecho buscan el perdón de otro?

Jesús dijo: «El hombre de su mal caudal saca cosas malas. De su buen caudal, saca cosas buenas». «Ama a tu prójimo como a ti mismo» implica una autorización para amarse en primer término y al prójimo en segundo. Tenerse respeto y dignidad, aceptarse uno tal cual es, sin exigencias desmedidas y comprender que fallar es humano y el perdonar es divino. Primero, pronunciar la palabra de Verdad por uno mismo para poder pronunciarla por el prójimo.

La Palabra es el pensamiento hablado; luego está regida por la Primera Ley de la Creación, que en los textos clásicos se llama El Principio de Mentalismo.

Esta Primera Ley te la expliqué en los cuatro primeros capítulos y he terminado de desarrollarla en éste. Inserté una idea de la Segunda Ley de la Creación, o sea, El Principio de Correspondencia, en el capítulo anterior, porque las Leyes todas se entrelazan y dependen unas de otras y en ese punto convenía exponértela.

La vibración

El diccionario define la palabra «vibración» como un temblor rápido. La mayoría cree que sólo del sonido procede vibración, pero todo vibra.

La vibración es medida por su velocidad, o sea, por el número de oscilaciones que ocurren en un segundo de tiempo y la manera de expresarlo es: «Esta vibración tiene una frecuencia de (número)». Es decir, «esto vibra a tal frecuencia».

Entre los colores, el blanco, que es la reunión de todos los colores vistos en la luz, es el que vibra a más alta frecuencia. El negro es también la reunión de todos los colores, pero vistos a la sombra, y tiene la frecuencia más baja de todas, o sea, cero frecuencia para nuestro entender.

Los pensamientos emiten vibraciones que parten en todas direcciones, tal como las ondas que se forman en el agua cuando a ésta le cae una piedra, y tiene color. Los pensamientos negativos son sombríos y, por lo tanto, vibran a baja frecuencia. La gente los llama «pensamientos negros» con razón. Los pensamientos positivos son luminosos y, a medida que se acercan a la Verdad, van siendo más y más luminosos hasta que llegan a ser radiantes cuando expresan la Verdad Absoluta, que es Dios.

Las altas frecuencias dominan a las bajas frecuencias. Los pensamientos de alta Verdad disuelven los pensamientos sombríos, bajos, falsos, actuando como una carga de dinamita en una roca. Esto te hará ver lo que ocurre cuando tú opones el pensamiento y la palabra de la Verdad a un cúmulo de cristalizaciones sombrías, y por eso te dije que bastaba con el deseo sentido para comenzar a deshacer las cristalizaciones acumuladas en el subconsciente.

Las personas que tienen la videncia desarrollada (todos tenemos esa facultad, pero la mayoría no la ha desarrollado) conocen los pensamientos por su color y, como saben el resultado exterior de cada tipo de pensamiento, pueden predecir el futuro. Ven claramente el producto inevitable de cada persona.

Los pensamientos de amor y buena voluntad son color de rosa iridiscente. El de la pasión sexual es rojo encendido. El color de los pensamientos de vida es amarillo. El de la inteligencia es lo que llaman hoy chartreuse, muy luminoso. Los de misticismo son color violeta iridiscente y profundo. Cuando hay negatividad mezclada con estos colores, el tono se vuelve sucio. Por ejemplo, en la persona cuya inteligencia está aún sin desarrollar, o embrutecida, el color es de la mostaza. La pasión sexual, cuando no es comprendida y está guiada únicamente por el instinto animal, es marrón rojizo.

Las vibraciones mentales forman un aura de forma ovoide alrededor del cuerpo y en esa aura se ve toda la composición de colores que emanan del pensamiento individual. El subconsciente limpio, positivo, produce un aura luminosa, multicolor, como el oriente de la perla. Como las altas frecuencias dominan a las bajas, ningún pensamiento negativo que viene de afuera puede penetrar en un aura y un ambiente positivo. Para que pudieran penetrar en la mente de un individuo, éste se tendría que poner «a tono» con ellos, o sea, que tendría que ponerse a pensar en forma negativa.

La Ley de Atracción es inmutable. Ella ordena que todo atraiga su igual. Las imágenes que están grabadas en el subconsciente atraen irremisiblemente todo lo de su misma clase y repelen todo lo que no sea afín a ellas. Por eso es que si el concepto del individuo es bueno, no se ve sino el Bien. Como no puede atraer lo que no es igual a su concepto, no puede acercársele nada malo; y a la inversa. El individuo que está lleno de conceptos errados no le ocurren sino cosas malas, porque no le es posible atraer otra cosa. Ésa es la explicación del llamado «contagio del pánico».

¿No has notado que cuando te entregas a meditar o darle vueltas a tu cabeza a algún incidente, digamos una malacrianza que se te ha hecho o una ofensa, cómo te va aumentando la indignación y el resentimiento? ¿Comprendes ahora que atraes todos los pensamientos iguales y que éstos vienen a aumentar el volumen de los tuyos? El que ya conoce esta Ley no se permite jamás el lujo de entretener en su mente una sola idea desagradable. Al pensarla la rechaza, la compara con la Verdad del Ser y piensa inmediatamente en algo bueno. Espero que te hayas dado cuenta de la necesidad de mantenerse risueño, viviendo en el clima celestial. Piensa lo bueno y se te dará.

Debido a esta Ley de la Atracción, al salir un pensamiento de la mente busca a sus semejantes y se junta con ellos. Hay en la atmósfera grandes masas como nubes de pensamientos. Si el concepto colectivo de una ciudad es pesimista, las nubes son gris oscuro. Planean sobre la ciudad, rodean a los habitantes, acuden a donde sean atraídas, mantienen a toda la población en su mismo concepto y a esto se debe el «carácter» de las diferentes nacionalidades y razas. ¿No te ha ocurrido entrar en una casa y sentir el ambiente pesado o alegre golpearte al entrar? ¿Has notado el ambiente mortuorio o triste de un entierro? ¿Has sentido el ánimo oprimido al pasearte por una casa vacía, sin comprender el porqué? No hace mucho yo acompañaba a una amiga en la búsqueda de un apartamento. Al entrar en uno de aspecto muy bonito, muy elegante, y al parecer muy convincente, ambas tuvimos una sensación muy desagradable y lo comentamos. Al día siguiente fuimos informadas de que allí había ocurrido una serie de tragedias.

Las personas de mente positiva aligeran el ambiente, las masas negras huyen lejos para luego regresar cuando ya no está presente quien las perturbe. Si un metafísico entrenado entra en contacto con semejante ambiente, deja un beneficio duradero, porque su sola presencia destruye la oscuridad de la misma forma como se disipa la noche cuando se enciende una luz. ¿Para dónde se va la oscuridad cuando sale el sol? Para ninguna parte, se convierte en luz.

La persona que ya ha logrado transformar sus conceptos, que ya ha formado el hábito de consultar y conectar todo con el Ser Divino, tiene el poder de destruir las cristalizaciones ajenas con solo «pensar la Verdad» frente a los males que pueden ocurrir en otros. Ésta es la explicación de las curas y milagros de Jesús.

El Mandamiento de «Amar al prójimo como a uno mismo» no significa que estamos obligados a sentir afecto. «Perdona a tus enemigos». «Haz el bien a aquellos que te persiguen y te odian». «Vuelve la otra mejilla». Todo esto significa que al mirar entrar el mal en otro debemos pensar en su Ser Divino y declarar la verdad. Simple, sencillo y fácil. No hay modo más práctico de disolver el resentimiento que tengamos. Muchas veces oímos exclamar: «¡Yo perdono, pero no puedo olvidar!» Si tú eres de éstos, ensaya lo que te he dicho. No tienes necesidad de dirigirte a la persona que te ofende. No tienes para qué mirarla. Será mucho mejor que no la mires, porque no podrías apartar el pensamiento de lo que te ha hecho. Simplemente piensa en el Ser Divino tuyo, ya que es uno mismo en todos. Dirígete a éste y al instante sabrás cuál es el «tratamiento» que debes dar; o sea, que te vendrá a la mente el aspecto de la Verdad que debes invocar. Contra el odio y la inarmonía, El Amor. Contra la enfermedad y la amenaza de muerte, La Vida. Contra la estupidez, la inteligencia. Contra el desorden, El Principio. Contra las barreras absurdas, las fronteras arbitrarias, las prohibiciones «legales» sin lógica, de las cuales te citaré algunas para que vayas aprendiendo a emplear bien la Verdad: inconvenientes de pasaportes, retardos de entregas de documentos, molestias de tránsito, papeleo burocrático, inconsistencias policiales y gubernamentales... contra todo esto, Espíritu. Dios es Espíritu. ¿Quién detiene, atrasa, retarda, impide, prohíbe u opone barreras absurdas a Dios? ¿Qué cosa impide pasar al Espíritu?

Todo esto es la Verdad. El pensamiento que se torna a la Verdad vibra a la más alta de las frecuencias y ninguna otra frecuencia menor la puede dominar. Sólo hay un peligro; permitir que se mezcle la impaciencia o la ira con un pensamiento de la Verdad. Todo trabajo espiritual tiene que ser hecho con calma. Mi Maestro exigía aún más. Recomendaba que todo trabajo espiritual fuera hecho «como quien pinta un cuadro sobre una tela de araña». Esto se debe a que las vibraciones del pensamiento espiritual son de tan altísimas frecuencias y de un poder tan grande, que hay que manejarlas con gran delicadeza.

La Vibración es la Tercera Ley de la Creación.

El vacío

El vacío no existe. Más que nunca en este siglo se está comprobando. El aire está lleno de átomos y de partículas de polvo. El átomo es mitad espíritu y mitad materia. Materia porque es el comienzo de ésta. Espíritu porque es invisible y es energía. El átomo está al borde de la división entre materia y espíritu.

La naturaleza no soporta el vacío. Deja un potecito de tierra desatendido y olvidado y al poco habrá brotado en él una espiguita verde. Lo mismo ocurre con un recipiente de agua. No tardará en mostrar minúsculas larvas de vida en agitado movimiento.

La naturaleza tampoco soporta el desperdicio, todo está en proceso de convertirse en algo útil; todo sirve para algo y para alguien y todo tiene su sitio propio y exacto.

Todo ser humano viene a la tierra con lugar ya dispuesto para él; con una labor que realizar, equipado con un talento especial que lo dispone al trabajo y al puesto que le pertenece.

Así como cada huella digital es única en el mundo y en toda la historia de la tierra, cada individuo es único; su puesto, sitio o lugar es únicamente para él; nadie más puede desempeñar la labor como él. Si el sitio que le corresponde está momentáneamente ocupado por otro, los dos individuos se sentirán defraudados, incómodos y estarán haciendo mal lo que estén desempeñando en el momento.

La labor que nos corresponde a cada uno, sea en el comercio, en las artes, en las letras, en la religión, en el gobierno o en la agricultura, es muy fácil determinarla; cada uno está capacitado para conocer su lugar único. Está en aquello que más le gusta hacer en el mundo. Aquello que no parece trabajo, que cuando uno lo está haciendo se olvida de todo y considerará absurdo que le paguen por hacerlo cuando se está divirtiendo tanto. Está de acuerdo con la Segunda Ley de la Creación, o sea, El Principio de Correspondencia.

Si eres un desajustado, busca en ti lo único que te gusta hacer, declara que tu lugar te está esperando, reúnete con personas de tu misma afinidad, dirígete hacia el lugar que más te guste y pide luz a tu Ser Divino para que te indique dónde debes encontrarlo.

Lo mismo debes hacer cuando veas a alguien sin trabajo o sin propósito en la vida. Declara la Verdad por él. El desempleo es un concepto errado. La inarmonía es producto del desajuste. El vacío no existe, el desorden no existe, ni el desperdicio. Éste es un universo basado en el orden y la armonía entre todas sus partes.

Cuando hace falta algo, desde un tornillo hasta un marido, desde un cuchillo hasta una suma de dinero, desde un lugar para estacionar el carro hasta una cocinera buena y honrada, lo que sea, declara la Verdad: «La naturaleza detesta el vacío, el desajuste y la inarmonía». Verás aparecer el complemento de alguna manera. A alguien le falta lo que a ti te sobra. A alguien le sobra lo que a ti te hace falta. La oferta y la demanda es la parte de la Cuarta Ley de la Creación, que es el Principio del Ritmo.

Un joven me consultó en este mismo sentido. Perdía todas las colocaciones y se encontraba desajustado en todas partes. «No sirvo para nada. Todo lo hago mal», me dijo.

—¿Qué es lo que más te gusta hacer?— le pregunté.

—Nada— me contestó. —Me gusta no hacer nada.

—¿Y por qué pierdes todas las colocaciones?

—Porque me aburren y me pongo a conversar con mis compañeros de trabajo, los distraigo y pierden el tiempo de la Empresa.

—Entonces, ¿tus compañeros de trabajo encuentran que lo que les conversas vale la pena escucharlo?

—Bueno... sí. Ellos también se olvidan del tiempo y del trabajo y...

—Bien, no busquemos más— interrumpí. —Si lo que tú hablas, o la manera de exponerlo, ejerce tal magnetismo, estás mandado a hacer para un puesto en Relaciones Públicas. Búscalo hasta que lo encuentres. Te está esperando.

Así lo hizo. Cuando lo volví a ver, irradiaba plenitud.

A esta Verdad se refería Jesús cuando dijo: «Mirad las aves del cielo cómo ellas no siembran, ni siegan, ni recogen en graneros; y vuestro Padre Celestial las alimenta. Considerad los lirios del campo cómo crecen; no trabajan ni hilan, más yo os digo que ni aun Salomón en toda su gloria fue vestido como uno de ellos». Esto no significa que estamos autorizados para entregarnos a la pereza y que la comida y las ropas nos caerán del cielo. Lo que significa es que cada cual en su sitio apropiado tendrá todo lo que necesita, sin trabajo y sin esfuerzo.

A los pájaros no les corresponde sembrar ni segar ni recoger en graneros. Esto sólo le corresponde al hombre que en ello encuentre su mayor placer. El cometido de las aves es el de continuar la especie voladora que va a tener al Plano Angélico. Su contribución a la vida del hombre es la de recrear la vista y los oídos.

A las flores no les corresponde trabajar hilando telas. Su cometido es el de florear simplemente. Su contribución, además de recrear la vista y adornar, es la de proveer con la miel y el polen a completar la labor de las abejas. La Mente Superior se encarga del resto. Así, nosotros, cada uno en su sitio natural, estamos ajustados, somos felices y rendimos la utilidad que se desprende. La Mente Superior completa la Ley.

El derecho de conciencia

Hemos vivido centenares de vidas anteriores a la que ahora estamos viviendo. Fuimos un átomo, fuimos una gota de agua, fuimos vegetal, mineral, animal y hombre. En nuestra etapa humana, hemos sido hombre o mujer muchas veces. Hemos pertenecido a todos los niveles sociales y, en cada uno de esos niveles, hemos aprendido las lecciones propias del nivel.

Si hoy somos personas que vivimos rodeadas de las ventajas, comodidades y adelantos modernos es porque lo hemos merecido en nuestra trayectoria. Cada objeto que poseemos por herencia, por compra o por regalo, lo tenemos ahora porque en alguna vida anterior aprendimos a usarlo y nos habituamos a él. La imagen de ese objeto es ya un reflejo en nuestro subconsciente y, a menos que nosotros mismos la disolvamos, tendremos ese objeto para siempre con nosotros. Ése u otro igual.

Este derecho adquirido se llama, en el lenguaje metafísico, «El Derecho de Conciencia». Significa que no es posible perder jamás, ni es posible que se nos pueda robar un objeto cualquiera, ni una joya, ni un dinero. Absolutamente nada. ¿Cómo se puede perder ni ser robada una imagen que está grabada en nuestro subconsciente? No es posible.

Es parte de la Cuarta Ley de la Creación; de ella dijo Jesús: «No os alleguéis tesoros en la tierra donde los ladrones los hurtan y el moho destruye. Antes allegaos tesoros en el cielo, donde el moho no puede destruirlos ni los ladrones los pueden hurtar». La creencia general es que esto significa que debemos coleccionar virtudes y despreciar las posesiones terrenas, pero no es así. El Maestro expuso la Ley en esas palabras, añadiendo: «Porque donde está tu tesoro está tu corazón». Ya sabemos lo que Él quería decir con la palabra «corazón»; además, la frase como Él la dijo era: «Porque lo que está en tu corazón es tu tesoro». Fue mal traducida y adulterada cuando la pasaron del idioma arameo (en que hablaba Jesús) al latín.

Cuando a ti se te extravía algún objeto de tu posesión, cuando se te pierde algo por la calle o cuando algo te es robado, con sólo recordar el hecho de que lo que tú posees lo tienes por Derecho de Conciencia, que está grabado en tu subconsciente y esta imagen no te la pueden quitar ni la puedes perder, basta para que el objeto aparezca intacto. Alguien te lo devuelve, lo encuentras tú mismo o recibes un regalo de un objeto similar. Sin ningún esfuerzo para ti volverá a tus manos de ahora en adelante, porque ya conoces la Ley. No la olvides. No te angusties ni les temas a los ladrones. Tu pensamiento en ese respecto se convierte en positivo y no se te puede acercar alguien con intención de hurtar. Te recomiendo hacer la prueba la próxima vez que extravíes algo. Declara: «Nada que es mío por Derecho de Conciencia puede perderse o ser robado». Luego da las gracias por el inmenso don que se nos ha conferido en una Ley tan sabia. Cuando el objeto vuelva a tus manos, lo cual no tardará en suceder, vuelve a dar las gracias.

Mi Maestro decía que el que conoce la Ley del Derecho de Conciencia y la practica hasta formar de ella su concepto, puede dejar en medio de una calle transitada un billete de alta denominación y nadie logrará verlo. Al día siguiente lo volverá a encontrar en el mismo sitio.

Para lo cual es necesario tener el concepto ya formado y la imagen del temor a los ladrones totalmente disuelta. Yo sé que la primera vez que empleé la Ley, únicamente por obediencia y sin tener la convicción sembrada en mí, estaba en Nueva York y dejé mis anteojos olvidados en un taxi. Al llegar a la casa me di cuenta de que los había perdido y, como venía de la clase de metafísica con la lección fresca en la mente, declaré al instante la Verdad: «Nada que es mío por Derecho de Conciencia se puede perder. Mis anteojos volverán a mí. Ellos están en el sitio que les corresponde: frente a mis ojos».

Pasaron cuatro días y me llamaron de la conserjería para que bajara a hablar con un chauffeur de taxi que me buscaba.

—Señora, ¿serán suyos estos anteojos?— me preguntó al verme, extendiéndome los lentes.

—Sí, son los míos. ¿Cómo se le ocurrió a usted que eran míos?

—Mire usted qué cosa tan extraña la que me ha sucedido. Los taxistas tenemos que entregar en la oficina todo objeto olvidado por si lo reclama el cliente que lo dejó. Yo no pude decidirme a entregar estos anteojos. Como en la oficina quedan anotados todos los recorridos que hacemos cada día, yo me impuse la tarea de visitar a cada cliente que conduje ese día. He tenido que hacerlo fuera de horas de trabajo, por supuesto, y por eso me he tardado cuatro días hasta encontrarla a usted. Esto jamás me ha sucedido. ¡Unos lentes corrientes!

Le di una buena recompensa y se me quedó grabada la Ley desde ese momento.

Sin mis anteojos no veía claro, no podía escribir, se interrumpía el ritmo de mi vida. Este mínimo detalle alteraba el ritmo de una serie de otras cosas que afectaban a terceros. El Universo está basado en el orden y la armonía entre todas sus partes.

Polaridad

No hay un solo deseo tuyo que no puedas realizar. Todo aquello que tú consideras imposible de obtener, aquello que juzgas «demasiado bueno para que te ocurra» es precisamente lo que más deseas en el mundo. El deseo está en el fondo de tu corazón. Lo único que no lo deja surgir es el temor, las dudas y los decretos negativos que haces constantemente. Muy especial ese decreto: «Es demasiado bueno para que se manifieste».

Cambia de polo. Hasta ahora has estado actuando de fijo en el polo negativo. Cámbiate al polo positivo. Esto lo haces de la manera siguiente: Declara de una vez que tú has terminado de utilizar los conceptos de ayer, que hoy eres una persona nueva, distinta, que reclamas tu bien, que lo deseas y estás esperando que comience a manifestarse ahora mismo. Declara que ya no quieres vivir más en el ambiente del mal, sino en el ambiente del bien. Decreta la Verdad de que, por virtud de tu deseo y tu palabra expresada, ahora mismo, ya, estás viviendo en el polo positivo y niégate a aceptar ninguna duda al respecto.

Ahora procede de la siguiente manera, cada vez que expreses un deseo, di: «Yo deseo tal cosa, en armonía para todo el mundo y si es voluntad del Padre. Gracias, Padre, porque ya me has oído». De esta manera no podemos causarle ningún inconveniente a alguien. Como nuestras vidas están tan entrelazadas, el bien tuyo podría constituir el mal de otro. Vamos a poner un ejemplo: Tú y otra persona desean un mismo objeto, no hay sino uno solo; tú, con tus conocimientos superiores lo obtienes; pero te has perjudicado. Como en la Verdad no existe semejante situación, tú, al desearlo en armonía para todo el mundo y si es la voluntad del Padre, obtendrás lo que deseas, ése, otro idéntico o mejor. Serás guiado al lugar donde se encuentre. Ella tampoco (y nadie) ha sufrido perjuicio.

En este ejemplo sencillo estás viendo el objeto. Pero en muchas otras circunstancias no será un objeto que tienes por delante, sino algo que tú crees que te incumbe a ti nada más cuando en realidad puede alterar el ritmo de otro u otros.

No te antojes jamás de algo que otro posee. No es necesario despojar a nadie para satisfacer nuestros deseos. Todo lo que puedas anhelar ya existe en tu propio caudal. Reclama tu propio bien.

Muchas veces nos empeñamos en lograr algo y luego nos arrepentimos de haberlo obtenido. Esto se debe a que lo que hemos deseado obedecía a un mero capricho. Por eso siempre se debe desear o pedir de acuerdo con la voluntad del Padre. Así estamos seguros de que lo que manifestamos es lo que nos va a satisfacer.

La Bendición

Haz la prueba tú mismo ensayando lo siguiente: Pon dos plantas una al lado de la otra. Riégalas a las dos todos los días, pero escoge una de las dos para bendecirla y alabarla. Dile muchas cosas bonitas. Ámala. A la otra cuídala, pero no la bendigas ni la alabes. Verás tú mismo el resultado.

Cada vez que sucede algo malo o desagradable, no pierdas un instante, di: «Es por bien. Bendigo el bien que contiene». Todo contiene el bien y al tú bendecirlo se aumenta y se manifiesta. Lo que parecía malo se convierte en una gran bendición y una felicidad porque lo habrás pasado al polo positivo.

No bendigas a las personas, bendice al Ser Divino en ellas. No bendigas a un enfermo, bendice al órgano saludable que está manifestando una mentira. Bendice la salud y la Verdad en él.

Ten cuidado esmerado en no expresar jamás algo que vaya en contra de otros. La Ley del Ritmo («No hagas a otros lo que no quieres que te hagan a ti») es un buen bumerang y no perdona. Lo que le hagas a otros se devuelve y te lo harán a ti. Si le deseas mal a otro, te ocurrirá ese mal a ti. Si calumnias o criticas, otros te calumniarán y te criticarán. Si bendices a otro, encontrarás quien te bendiga a ti. Si ayudas a otro, encontrarás ayuda cuando más lo necesitas. Si perdonas, serás perdonado. El ritmo es un péndulo.

Cuando alguien te haga un daño, no lo bendigas. Bendice su Ser Divino, dile mentalmente «que se te haga el bien» y piensa en otra cosa. Así, cuando tú hagas algo sin intenciones de herir o molestar a otros, pasará desapercibido y nadie lo sentirá.

Cuando te irrite un majadero, bendice en él a «un ángel desconocido». Verás que te dará una buena noticia o un dato útil.

Cuando no quieras ser interrumpido en algún trabajo, declara la armonía del Ser. Di: «No es armonioso el ser interrumpido. Dios está en este trabajo y, al mismo tiempo, en el inoportuno. No es posible que Dios se divida en dos y que las dos partes sean antagónicas».

El Universo está constituido así. Todo surge del principio masculino y femenino. El pensamiento es masculino: polo positivo; El Alma es femenina: polo negativo. Ahora es cuando puedes comprender lo que al principio te hubiera confundido y es que el pensamiento, para manifestarse, necesita unirse o ser casado con un sentimiento.

El alma es la sede de las emociones, de los sentimientos.

Alma

Casi no te he nombrado el alma, porque es un estudio que ha ocupado demasiado la atención de los hombres. El alma es ese «fantasma» que a veces aparece y asusta. Es también la sede de las emociones.

El alma del hombre habita lo que llaman «el Plano Astral». Lo habrás oído nombrar mucho. Las fuerzas que rigen ese plano son llamadas «psíquicas». Es el reino de las experiencias fenomenales como el espiritismo, los médiums, ciertas manifestaciones magnéticas, etc. Es un plano muy ameno, muy distraído, muy interesante, pero también aterrador a veces. Pocos de los que se dedican a estudiarlo, deslumbrados por sus manifestaciones misteriosas, pasan de allí. No adelantan ni espiritual ni materialmente, a pesar de que todos viven bajo la ilusión de estar en La Verdad.

Jamás ningún estudiante del Plano Astral es feliz, ni sano de cuerpo, ni rico. No logran dominar sus problemas ni sus defectos. Sus conceptos son negativos y ven el mal como el resto de los ignorantes. «Por sus frutos los conoceréis», dijo Jesús.

Para resolver sus problemas los verás consultando con las almas de los muertos; corriendo a consultar a las personas que leen la mano, tiran las cartas y predicen el futuro.

Estos «espíritus», o almas desencarnadas, siempre son del mismo grado de evolución del que las llama, pues no se puede atraer, ya lo sabes, sino lo que sea igual a la propia conciencia. Generalmente, los consejos que reciben son contradictorios, de acuerdo con la opinión del «espíritu» que lo está impartiendo, y llevan a sus víctimas de la confusión al desastre.

Las personas «psíquicas», estudiantes del Plano Astral, tratan de asombrar a los demás con sus conocimientos misteriosos y que rara vez «les es permitido revelar». El «psiquismo» termina por enloquecerlos, porque sin la guía del Ser Divino y la Verdad, el Plano Astral se convierte en un laberinto sin salida.

A ese plano se refirió Jesús cuando dijo: «Ancha es la puerta y espacioso el camino que lleva a la perdición y muchos son los que entran por ella. Porque la puerta es angosta y estrecho el camino que lleva a la vida y son pocos los que la hallan». La puerta angosta, que, sin embargo, se abre a la amplitud de la vida, «mira» hacia el Ser Divino, pues mirando al bien se produce el bien. Mirando siempre hacia la sombra no se manifiesta sino sombra. «Por sus frutos los conoceréis».

En Génesis, capítulo 30, versículo 30, aparece esta máxima: «Por sus frutos los conoceréis», que está simbolizado en el siguiente relato. Después de haber servido a Laban, el padre de su esposa, durante muchos años con toda eficacia y lealtad y no haber recibido ninguna recompensa, Jacob le pidió a su suegro que le diera un salario. Laban le preguntó «¿Qué te daré?». Y Jacob le contestó: «Aparta de tus reses todos los machos cabríos listados y manchados y todas las cabras salpicadas. Éstas y la cría que salga listada, manchada y salpicada serán para mí. Los blancos y los negros serán todos los tuyos de hoy en adelante». Laban convino y separó las bestias. Jacob entonces cortó varas de álamo, de avellano y de plátano oriental; descortezó en ellas listas de manera que apareciera lo blanco de abajo contrastando con lo que les quedara de corteza oscura y las echó en los abrevaderos de las reses de Laban. Éstas tenían que mirar la vara cada vez que bebían el agua en que flotaban y la cría que parían salía también manchada, listada y salpicada. De esta manera aumentaron sus rebaños en cantidades extraordinarias.

No se trata aquí de una lección de moral sino de exponer la Ley a la manera bíblica; de lo que se mira, se reproduce.

El Ser Astral es humano. El alma humana es la que se gradúa al Plano Astral y es la que acude a las sesiones espirituales. Conserva aún sus conceptos intactos y no sabe ver ni juzgar de otra forma sino de acuerdo con lo que ve.

Tú que estás buscando la luz y que tal vez eres miembro de alguna secta u orden de las que se llaman «espirituales» observa el fruto de tus maestros y dirigentes. ¿Padecen de enfermedades y achaques? ¿Mueren tuberculosos o de cáncer? ¿Viven de limosnas o exigen contribuciones determinadas o condenan el dinero? ¿A menudo sufren de la calumnia y la persecución? «Por sus frutos los conoceréis». Ignoran por completo el significado de las leyes básicas. Sus conceptos son tan errados como los tuyos. ¿Qué te pueden enseñar? ¿Ostentan títulos altisonantes de suprema autoridad? Jesús dijo: «No llaméis a nadie Padre, pues uno solo es tu Padre, que está en el cielo». ¿Llevan vestimentas impropias de la época en que vivimos? Están viviendo aún en el pasado remoto, en la Era precristiana cuando la moda en los hombres era la bata y el manto. Sus ideas están en esa Era. No han avanzado un paso. ¿Restringen la libertad de acción de sus discípulos? ¿Prescriben unos alimentos o imponen otros? Ignoran hasta las enseñanzas del que dicen seguir: «No es lo que le entra por la boca lo que contamina al hombre, sino lo que sale por su boca». No tienen nociones de ciencia alguna. ¿Qué clase de «Maestro» es el que ignora el Principio de Vibración, tercera de las Leyes de Hermes, el más conocido y popular de los iluminados de la antigüedad?

«Por sus frutos los conoceréis» significa que por sus problemas, sus achaques, su pobreza, o sea, su manifestación, podrás juzgar cuáles son sus conceptos. ¿Sus libros y textos subrayan el castigo, la amenaza, el peligro, inspiran angustia y temor? El capítulo 23 de Mateo Evangelista transcribe las palabras de Jesús tocante a estos individuos. Los llama «falsos profetas que vienen a vosotros vestidos de ovejas, mas por dentro son lobos rapaces» y repite: «Por sus frutos los conoceréis. No se cogen uvas de los espinos ni higos de los abrojos».

Hay sectas que irradian bondad y amor al prójimo. Su intención y buena voluntad son inmejorables, pero muestran una enorme ignorancia de los principios básicos de la Creación. Algunas no comen carne, alegando que la carne animal ensucia al hombre con sus vibraciones impuras. No tienen conocimiento alguno de la naturaleza de estas vibraciones y sus frecuencias. Ya tú sabes que el pensamiento puro no puede recibir al impuro y lo que es más, lo neutraliza o lo transforma, como la luz a la sombra.

Una de las pocas maneras que tiene el animal para adelantar rápidamente en su evolución es la de servir al hombre. Cuando la oportunidad de servir se le presenta a un animal, el Espíritu que rige a toda su especie se estremece de dicha porque, al avanzar un ejemplar del grupo, avanzan todos los que vienen detrás hacia el plano humano.

La naturaleza animal del hombre requiere el alimento animal en todos los grados carnívoros. El pez grande se come al chico hasta que llega el momento en que el hombre es guiado por su Ser Divino. Para entonces el deseo y la necesidad de comer carne animal desaparece automáticamente. No hay que forzar, no se puede; es contrario al Plan Universal. Los excesos se normalizan con solo mirar la Verdad del Ser con mayor frecuencia.

Mientras más rudimentaria es la conciencia, más se necesita del sacrificio para adelantar. El hombre que se ve obligado a matar un animal para beneficio de una colectividad, lejos de cometer un crimen le brinda una mejor oportunidad desde dentro del reino animal. Es la ley de los mundos inferiores.

Cuando un hombre da muerte a una bestia feroz que esté amenazando a un pueblo, digamos cuando mata a una serpiente venenosa que esté arriesgando la vida de unos niños; cuando extermina las plagas que destruyen los árboles frutales o las plantas; cuando extermina las sabandijas que invaden las casas y atormentan a los humanos, no está cometiendo crímenes sino beneficio a todos, humanos y animales.

Los animales no tienen conciencia. Sólo poseen el instinto de reproducción; las sabandijas, por ejemplo, siguiendo su ley, se propagan demasiado. El hombre tiene el deber de hermano mayor de vigilarlos y controlarlos.

Cuando el hombre alcanza la conciencia espiritual ya no tiene que matar ni atrae ninguna plaga. Mas para ahuyentarlas de su casa basta con hablarles y dirigirse al espíritu que rige al grupo. Yo misma he presenciado ese «milagro». He visto a un metafísico avanzado deshacerse de unas cucarachas y unos mosquitos que entraron a su casa. «Hermanos», dijo dirigiéndose a los espíritus del grupo, «¡Velen por sus pupilos! Están en desarmonía. Mi casa no es el medio apropiado para ellos». Luego hablándoles a los animalitos, dijo: «Váyanse, bichitos». Con mis ojos asombrados, vi a las sabandijas detenerse inmóviles un instante como recibiendo onda y luego salieron despavoridas.

Los miembros de las sectas que mencionábamos ignoran todo lo que estás leyendo tú ahora. Se debaten en el Plano Astral, o mejor dicho, en la fase negativa del Plano, porque como todo en la Creación, ésta tiene sus dos fases.

El Alma es astral y es la sede de los sentidos y las emociones. Sin éstos la vida valdría poca cosa, pues no podríamos sentir ni apreciar el arte, la belleza ni la música. La diferencia será la del cine mudo, antiguo, comparado con el moderno, con su colorido, su sonido y su técnica asombrosa.

Los sentidos y las emociones deben ser cultivados como se cultiva un talento, pues también son dones divinos. Por ningún concepto se les debe menospreciar, negar o rechazar; se les debe ajustar y equilibrar, y esto se logra elevando el pensamiento al Ser Divino y a su Verdad cada vez que sea necesario. Los excesos, la emotividad y el sensualismo, los regula Él, como no podemos nosotros con nuestra débil voluntad. Reprimir, frenar y frustrar nuestras emociones y renegar de ellas y de nuestros sentidos, sin apelar a la Verdad del Ser Divino, es atrofiarlas y hasta destruirlas; es matar el Alma o herirla y enfermarla. Cuando esto sucede se retrógrada el ser humano al plano animal o pasa varias vidas tratando de recuperarlas.

Hay sectas que enseñan que para poder hacer contacto con Dios hay que prepararse: Hay que adoptar posiciones complicadas y enfocar la mente en algún sitio del cuerpo, tal como el entrecejo o la base de la columna vertebral, y luego pronunciar una palabra mágica. Todo eso pertenece al Plano Astral y logra comunicar al ser únicamente con las fuerzas psíquicas del Plano Astral. Lo que están pensando es en la posición del cuerpo, el entrecejo, la base de la columna. No están pensando en Dios. No están haciendo contacto con el Ser Divino. La Biblia dice que Dios está presente y esto hay que tomarlo en serio y tal como suena.

Dios está en todo, en todas partes. Está presente en ti y en todo lo que te rodea. No es preciso buscarlo como se busca a una aguja caída al suelo. El Salmo 46 dice: «¡Callad! Y sabed que Yo Soy Dios», y es todo lo que hay que hacer. Saberlo presente. Pensarlo. Se contacta a Dios pensando en Él. Nada más. Practicando la Presencia de Dios es como se llega a verlo, sentirlo y acercarse a Él, tal como practicando en el piano se llega al virtuosismo.

Los fantasmas y las apariciones que se ven en las casas muy antiguas son los cuerpos astrales de personas que vivieron allí. Desalojados de sus cuerpos físicos, sus mentes continúan viviendo en el pasado y no se pueden desprender de él. No están conscientes de los que los ven. Viven la vida y ven la casa como era cuando ellos estaban entre los humanos, con todos sus conceptos intactos.

Son siete los planos o estados de conciencia. Cada plano comprende siete subplanos, el hombre va avanzando de uno a otro con cada expansión de su conciencia. El Plano Mental es el estado de conciencia superior al Plano Astral. Luego le sigue el Plano Espiritual que es el más alto que podemos conceptuar. Conocemos muchos de los ascensos que se adquieren en este plano, pero para nuestro propósito no es útil entrar a enumerarlos. Aquí estamos estudiando el Plano Mental y el Espiritual, o sea, las leyes que rigen para alcanzarlos aquí mismo en la tierra.

Hoy

Ayer murió; mañana no ha nacido aún; no podemos contar sino con Hoy, no podemos traer el futuro al presente; tenemos que esperar a vivirlo. Para eso tenemos que vivir hoy plenamente y de la mejor manera y así se prepara el mañana. Hay que estar conscientes de hoy, vivir hoy y gozarlo... mañana olvidarlo.

Muchas personas viven llorando el pasado, pensando desconsoladas en algo que ya murió. Jesús dijo: «Dejad que los muertos entierren a los muertos. Sígueme tú a mí» (la Vida y la Verdad).

Hoy contiene todas las oportunidades en potencia. Es una hoja nueva y limpia; si comienzas el día esperando sorpresas agradables, te caerán sorpresas agradables. Piensa lo bueno y se te dará.

Mirando siempre hacia atrás, no solamente se está inconsciente de lo bueno que se tiene al frente, sino que se trae todo lo malo del pasado al presente como quien insiste en quedarse en un cuarto oscuro y pestilente teniendo al lado una habitación aireada y soleada.

Esta lección está presentada en la Biblia en el caso de la mujer de Lot, a quien le dijeron los ángeles que escapara hacia la montaña (el Plano Espiritual) y no mirara hacia atrás porque sería consumida. Ella no hizo caso, miró hacia la ciudad que dejaba atrás y se convirtió en una estatua de sal. La sal en La Biblia es símbolo de cristalización. Ya sabes lo que significa una cristalización en el subconsciente, lo que cuesta disolverla. El que vive en el pasado se le cristaliza éste en el subconsciente y no avanza un solo paso. Se estaciona y el futuro no le brinda nada. El pasado se le repite en una rueda constante. La figura del saco o la estatua de sal son muy apropiadas.

Por el mismo hecho de que sí es posible traer el pasado al presente, es que se recomienda dar las gracias por todo tratamiento, como si éste ya hubiera sido manifestado. El tratamiento debe ser siempre hecho en el presente, debe esperarse para hoy; no funciona cuando se lanza hacia el futuro. El futuro no ha sido creado aún en términos terrenales. Dios vive en un eterno presente.

Esto significa que se debe vivir sólo «al día». La previsión es positiva. El «sentido común» expresa la Sabiduría Divina en la Tierra, pero no hay que vivir en el pasado ni temer el futuro. Emerson dijo: «No hay nada a que temer, sino al temor».

El día de hoy siempre trae todo lo que él va a necesitar. Los gastos de hoy siempre están cubiertos y las angustias monetarias siempre son por algo futuro. Jamás por el pasado ni por el inmediato presente. Si te encuentras en un aprieto de dinero es porque anticipaste esa circunstancia en el pasado, motivado por tu concepto. Eleva tu pensamiento al Ser Divino, con amor, descarga tu peso en Él y verás solucionarse el problema milagrosamente. (No olvides dar las gracias antes y después).

Jesús dijo: «Venid a mí todos los que estáis cansados y agobiados y yo os daré descanso. Porque mi yugo es suave y mi carga liviana».

Y en el Antiguo Testamento está expresada la misma verdad como sigue: «Echad sobre Jehová tu carga, y Él te sustentará. Nunca permitirá que sea movido el justo». Verás que esto difiere mucho de la idea que prevalece de que la voluntad de Dios es la prueba, el sacrificio, el castigo y la resignación.

Cuando La Biblia habla del «justo» y «la justicia», siempre se refiere a la justeza del pensar, a la exactitud con que se enfoca la Verdad en el pensamiento. «Buscad el Reino de Dios y su justicia» significa: Busca el Plano Espiritual y las Leyes que lo gobiernan. En el lenguaje de hoy: Piensa lo bueno y se te dará. Recuerda al Ser Divino y Él proveerá la imagen.

«Conoced la verdad y ella os hará libres», dijo Jesús. Los términos: «La Verdad», «Dios», «El Ser Divino», «El Reino de Dios» y «El Reino de los Cielos» son intercambiables, significan una misma cosa.

Ídolos

Las primerísimas palabras de Jehová, en lo que llaman los Diez Mandamientos, fueron las siguientes: «Yo Soy Jehová, tu Dios…; no tendrás otros dioses delante de mí. No harás para ti escultura ni semejanza alguna de lo que esté arriba en el cielo, ni abajo en la tierra, ni de lo que esté en las aguas, ni debajo de la tierra. No te inclinarás a ellas ni le darás culto…».

Los judíos lo interpretaron en el sentido de no colocar estatuas en sus sinagogas. Hoy vemos la verdad detrás del símbolo: No fabricar imágenes. Imágenes mentales que luego se convierten en cosa, afuera en la tierra, en las aguas, en los cielos y debajo de la tierra, o sea, en lo material, porque éstas se convierten en ídolos. En dioses que, según nuestro concepto, tienen poder por encima de Dios. No se recuerda que la sustancia que usamos para fabricar esas imágenes es la sustancia de Dios y que el producto no puede ser más poderoso que el creador de Él.

Ídolos o falsos dioses son: El temor, lo «inevitable», el «destino», el «mal», la «mala suerte», la «buena suerte» el microbio, el virus, la enfermedad, el peligro, la «flaqueza humana», la «maldad humana», los celos, la traición, los accidentes, la muerte, la lucha, el dinero, todo aquello «que tenemos que soportar» y todo aquello «sin lo cual no se puede vivir». La lista es mucho mayor, pero con lo dicho basta para sentar la idea. Todo aquello a lo cual tememos es un ídolo. Le estamos rindiendo culto al temerle. Culto por encima de Dios.

Un ejemplo del modo como se rinde en preferencia a Dios: Conocí a un muchacho enfermo de muerte; sus familiares me informaron que todo, absolutamente todo, se había hecho para salvarlo, pero que estaba desahuciado por todos los médicos más eminentes.

Les pregunté: «¿Y ustedes no son católicos?» Me contestaron: «¡Cómo no! ... Y muy devotos». Les sugerí: «¿Y por qué no le piden a Dios? Me contestaron: «Eso es lo único que nos falta por hacer, pero ya no hay ninguna esperanza». Insistí: «Pero para Dios no hay nada imposible». Repitieron con impaciencia: «¿Pero no te hemos dicho que está desahuciado por cuatro lumbreras de la medicina?».

¿Para qué insistir? En otras palabras, ¡las lumbreras médicas habrán decretado y Dios Todopoderoso tenía que agachar la cabeza ante la superior sapiencia de cuatro hormigas humanas!

Los pobres ignoraban que ya hacía tiempo que habían decretado la muerte del muchacho enfermo. Antes de consultar a las lumbreras médicas ya iban con la fe (temor) de que lo darían por muerto.

La muerte

Más del fruto del árbol de la ciencia[1] del bien y del mal, no comerás: porque seguro si comieres de él morirás.

Génesis, 2:17.

Es la primera mención de la muerte en el texto que dejó Moisés. Dios advirtió que la muerte vendría si se comía el fruto del árbol del Conocimiento del Bien y del Mal. Primeramente, en La Biblia y en la Metafísica, «comer» es el símbolo de «pensar». Es decir, cuando se come se apropia la comida, se masca, se traga y se asimila. Lo mismo ocurre cuando se piensa en la forma que describí al principio de este librito: se recibe una idea (comida), se piensa en ella determinadamente (se masca), pasa al subconsciente (se traga) y se vuelve parte del individuo (se asimila).

El «fruto» de este proceso no se debe comer. En el proceso digestivo, sólo a los niños muy pequeñitos se les ocurre comer el excremento. El fruto del proceso mental es la manifestación exterior, o sea, las circunstancias y las experiencias producidas por las

---

[1] del conocimiento

imágenes que tenemos en el subconsciente. Esto es el fruto.

El «árbol del Conocimiento del Bien y del Mal» no es un árbol que exista en alguna parte; es una figura simbólica que describe exactamente el proceso mental y las leyes que lo gobiernan.

Al tener nosotros el conocimiento de las Leyes de la Creación, expuestas ya en los capítulos anteriores, somos el «árbol» que produce el fruto de ese Conocimiento. Se nos advierte en el texto de Moisés que no «comamos» el fruto que producimos, o sea, que no vayamos a juzgar por lo que vemos producido en el exterior. Que no vayamos a formar conceptos erróneos basados en lo que vemos suceder, porque lo que sucede no es sino el fruto de un conocimiento interior nuestro, bien sea un conocimiento (concepto) basado en el Bien o un conocimiento (concepto) basado en el Mal. De nuevo, que no formemos una opinión basada en lo que vemos, pues esto sería «comer el fruto». Consultemos con el Ser Divino y Él, la Verdad, nos dirigirá siempre en línea recta.

Todo esto, explicado por Kant por ejemplo, es ininteligible para todo el que no sea altamente erudito y aun a los eruditos se les escapa la clave porque están pletóricos de imágenes basadas en conocimientos intelectuales. El conocimiento intelectual es un tirano que no permite el paso, ni permite levantar cabeza, a las ideas espirituales. En La Biblia llaman a la idea espiritual «un niño», porque es pura y no conoce la malicia. El que está lleno de erudición considera esto «cosas de niños».

El último eslabón de la cadena que comienza con el primer pensamiento errado es la muerte. Imagínate una cuerda con un nudo. Imagínate que la cuerda que está a la derecha del nudo es ya el final del rollo, por lo tanto, se ha aflojado y ensanchado; imagínate que a la izquierda del nudo, la cuerda continúa hasta no vérsele el fin. Imagínate una hormiga parada en el centro del nudo, viendo hacia donde se dirige. Al fin se decide por la cuerda de la derecha, porque ve que es más ancha y más cómoda; al llegar a la punta caerá en el espacio. Si atina a decidirse por la cuerda de la izquierda, a pesar de ser ésta más angosta, se amoldará pronto y continuará firme y segura para siempre. Este es el cuadro de lo que sucede cuando se elige entre pensar negativamente o pensar positivamente. El camino negativo parece cómodo y termina pronto. El camino positivo es «la puerta pequeña y el camino angosto que lleva a la vida; pocos hay quienes lo encuentran».

El pecado original es la decisión que se hizo en el nudo; la muerte es inevitable en el camino negativo. Es un resultado natural de esa vía, pero nada nos impide devolvernos; no tenemos que morir, nosotros lo resolvemos. Jesús dijo que la muerte sería el último enemigo que venceríamos; lo prometió.

Los grandes avanzados no mueren, sólo trascienden; Moisés trascendió. Elías trascendió; Jesús no murió. Las Escrituras Sagradas no dicen que murió, dicen que «entregó el espíritu» que, en léxico metafísico, significa algo muy diferente. Equivale a proyectar el cuerpo astral (el alma) fuera del cuerpo físico.

En las operaciones quirúrgicas los médicos llenan el cuerpo físico con éter o cloroformo u otras sustancias de la misma consistencia del cuerpo astral. Éste se desaloja porque las sustancias análogas ya no le dejan espacio en el cuerpo. Hay centenares, tal vez miles de casos, en que las personas operadas dicen que «estando dormido me vi parado junto a mi cuerpo y he visto todo el proceso de la operación».

El cuerpo astral está sujeto al cuerpo físico por medio de un hilo de la misma sustancia astral; al separarse el cuerpo astral del cuerpo físico, continúan conectados por este hilo que es elástico, pudiendo extenderse a grandes distancias. La Biblia lo llama «el cordón plateado» porque tiene un color grisáceo algo luminoso. A medida que el enfermo operado elimina la sustancia que lo ha puesto inconsciente, el cuerpo astral va ocupando el cuerpo físico otra vez.

El cuerpo astral es el que siente y está consciente; cuando sale del cuerpo físico, éste deja de sentir y de estar consciente. Cuando el ser humano muere es que el cordón se ha partido. Se separan los dos cuerpos y el astral sigue viviendo.

Cuando Jesús exclamó en la cruz: «Eloi! Eloi! lamma sabacthani», proyectó su cuerpo astral y no sintió ya nada más. Aparentaba estar muerto o en un profundo desvanecimiento. Su cuerpo astral se reunió con su cuerpo físico después que estaba en el mausoleo facilitado por José Arimatea y cuando las mujeres de Jerusalén fueron a buscar el cuerpo de Jesús, un personaje, que la iglesia llama «un ángel», les hizo la observación: «¿Y por qué lo buscáis entre los muertos? Buscadlo entre los vivos». ¡Más claro no se puede decir que estaba vivo! Después trascendió; pero, para la adulteración hecha en los documentos, convenía poner que había «resucitado», ¡como si un ser de tan altísima frecuencia vibratoria pudiera jamás morir!

A medida que limpies tu subsconciencia de las imágenes negativas, se van transformando las células de tu cuerpo, volviéndose positivas, y te va, como quien dice, «devolviendo» hacia la meta de la vida. Cuando hayas terminado de aprender la lección que te corresponde aprender en esta vida que estás viviendo, no morirás en el sentido actual de la palabra. Pasarás al otro plano sin incomodidades, sin haber tenido una enfermedad; simplemente te irás una noche en medio del sueño.

En los «Santos» de la Iglesia Católica, se tiene que admirar la voluntad de perfección que los movía; pero, ignorantes de la «Ciencia del Bien y del Mal», se impusieron torturas espantosas que eran no solamente innecesarias sino que constituían una ofensa imperdonable al cuerpo, el cual no es otra cosa que el Templo del Ser Divino y como tal estamos obligados a cuidarlo y atenderlo.

El grado extremo de fuerza negativa que representan los azotes y torturas voluntarias producen un estado tal de acidez, que el pobre cuerpo no puede soportarlo y rompe en llagas. Por ese motivo fue que tantos «Santos» murieron llagados o en el último estado de la tuberculosis. Y a eso llamaban «servir a Dios».

Mientras mayor número de personas aprendan las Leyes de la Creación, se irán disolviendo las masas oscuras de error que penetran el planeta; se irán acabando las imágenes falsas en el subconsciente, reconstruyéndose la célula humana y disminuyendo el número de personas que mueren. Será el último enemigo a vencer. Ya comenzó el regreso hacia el camino de la vida; parece ser que en próximo milenio se conocerá universalmente La Verdad.

Einstein adujo que cuando la célula humana se transforme en energía eléctrica, los hombres conocerán cada uno su propia ecuación y podrán desintegrar y reintegrar sus cuerpos a voluntad.

Por lo pronto, cuando el Ser se desprenda de su cuerpo físico en lo que llaman «la muerte» y entre a vivir en el plano que sigue, lo que más le sorprenderá será constatar que todo lo que piensa se le manifestará frente a sus ojos instantáneamente; pues, no habiendo materia inerte que retarde el proceso, el objeto o la condición aparecerá simultáneamente, al pensarlo. Esto le causará una confusión que podría ser caótica, llevándolo a creer que, en verdad, está en el «Purgatorio» y hasta en el «Infierno», pues el terror le agravará la condición. Pero siempre lo estarán esperando familiares y amigos para guiarlo y explicarle las condiciones del plano.

La reencarnación

«¿Y por qué no recordamos nada de lo que fuimos en vidas anteriores?», preguntan siempre los estudiantes de la Verdad. ¡Qué bueno que es así! ¡Qué grande es el Amor de Dios y sus Leyes sabias!

Primeramente si yo te preguntara ahora: ¿Qué hiciste tú el martes pasado? A menos que esa fuera una fecha muy marcada para ti, me contestarías: «No recuerdo, tendría que recapacitar». Y perderías el tiempo recapacitando algo tan inútil, superfluo y tan poco provechoso como es traer el pasado al presente. ¿Qué ganarías con revivir esos días pasados? Nada, y probablemente revivirías algo desagradable, porque siempre hay algo desagradable en el pasado.

Tú has sido criminal, preso, mujer de la vida, esclavo, etc. Si pudieras rememorar esas épocas muertas, volverías a sentir todo lo desgraciado que fuiste. Si lograras recordar la época en que fuiste reina o rey, pasarías muy malos ratos atestiguando las injusticias y las torpezas que cometiste; tu alma de hoy no podría soportarlo. Te voy a decir lo que se siente cuando se regresa la mente a un pasado tan remoto. Es como si a ti, acabado de bañar, empolvar y empapar de agua de colonia, te obligaran a meterte en un barro de inmundicias, en el cual no te pudieras mover para sacar la cabeza y respirar. Si alguna de tus vidas pasadas fue muy espléndida y regalada, al volver a tu estado presente te sentirías muy mal, muy inconforme si notaras que esta vida es inferior a aquella en ventajas materiales.

La vida es una escuela y cada vida es un grado más adelantado que el último. Si una vida es plena y la que le sigue es pobre, es porque se desperdició algo o se dejó de aprovechar y hay que rehacerlo de nuevo.

El Amor de Dios no conoce el «Infierno». Nadie se condena eternamente; todo tiene perdón. Todos tenemos una nueva oportunidad «y hasta setenta veces siete», como lo dijo Jesús.

El «karma» es la Ley de Causa y Efecto; la casualidad no existe; todo tiene una causa, toda causa tiene un efecto. Hay karma bueno y karma malo, ya los conoces; es la deuda que contraemos por el mal y el «cobro» por el bien.

El Ser Divino es Señor del karma. En él no existe karma. Entonces, ¿es posible borrar un karma malo? Sí, mirando al Ser Divino; acostumbrándonos a habitar su morada. El Salmo 91 lo dice. Además, al adquirir el ser humano lo que se llama «la conciencia espiritual», que es el estar pendiente de cumplir las Leyes que he expuesto ya, no se está bajo las leyes materiales, se está «bajo la Gracia». Se tiene el derecho de invocar las leyes superiores, muchos de los efectos kármicos son disueltos automáticamente por efecto de que el individuo eleva a menudo su pensamiento. Él mismo no se da cuenta de su privilegio, sino cuando compara lo que le ocurre a otros y que le es evitado a él; en ese momento se asombra y se le ocurre que él está protegido por una presencia invisible.

Las reencarnaciones cesan cuando el individuo ha desarrollado el amor por todos sin distinción. Cuando ya sabe colocarse en el lugar de otro y comprender el motivo que lo impele actuar como actúa. Cuando siente que no tiene nada que perdonar porque lo que quiera que le hayan hecho es simplemente reacción natural de un plano inferior de evolución. Ese individuo ya no tiene nada que aprender y no tiene que regresar a este plano.

La meta es el amor. Los que han sido enemigos en una vida, a menudo nacen madre e hijo, o hermanos, en la próxima vida para obligarlos a amarse. La naturaleza siempre busca unir por medio del amor. Curar y reformar por el amor.

Salmo 91

El que habita en el retiro del Altísimo,
morará seguro bajo la sombra del Omnipotente.
Yo diré de Jehová: Refugio mío y fortaleza mía.
Mi Dios, en Él confiaré.[2]
Porque Él te hará escapar del lazo del cazador
y de la asoladora pestilencia.
Con Sus plumas te cubrirá
y debajo de Sus alas te refugiarás;
escudo y adarga es Su Verdad.
No tendrás temor de espanto nocturno
ni de saeta que vuele de día,
ni de la pestilencia que anda en las tinieblas,
ni de la mortandad que hace estragos al mediodía.[3]
Caerán a tu lado mil, y diez mil a tu diestra;
pero a ti no te tocará.
Tan sólo con tus ojos mirarás
la recompensa de los inicuos,
por cuanto has dicho:

---

2 Esta es la afirmación que produce las condiciones que enumera el Salmo.
3 Trata de comprender los símbolos que encubren estas promesas.

Tú, ¡Oh Jehová, eres mi refugio![4]
y al Altísimo has puesto por tu habitación.[5]
No te sucederá mal alguno
ni plaga tocará en tu morada,
porque dará encargo a sus ángeles acerca de ti
para que te guarden en todos tus caminos.
Sobre las palmas de sus manos te llevarán
para que no tropieces con tu pie en alguna piedra.[6]
Pisarás al león y al áspid;
hollarás al leoncillo y la serpiente,
por cuanto tiene puesto en mí su amor,
yo también lo libraré.
Le pondré en alto
por cuanto ha conocido mi nombre.[7]
El me llamará y yo le responderé.
Con él estaré yo en la angustia,
le libraré y le glorificaré.
De larga vida le hartaré
y le mostraré mi salvación.

---

4 Por haber hecho de la afirmación tu norma.
5 Porque en todo consultas al Ser Divino.
6 Es decir, para que no tengas el más leve inconveniente.
7 El «nombre», en el lenguaje bíblico, es la naturaleza de la Verdad.

La Ley de Causa y Efecto es la Sexta Ley de la Creación. Todo efecto tiene una causa; toda causa tiene una reacción. La casualidad no existe, la «suerte» no existe.

La Biblia dice: «El amor cubre una multitud de pecados». A Magdalena le fueron descontados cantidad de efectos kármicos porque, según Jesús: «Había amado mucho».

La Séptima Ley de la Creación es el Principio de Generación, el cual ya te he explicado. En todo hay el masculino y femenino necesario para crear. Las leyes todas se entrelazan y éstas vuelven a empatar con el Principio de Mentalismo con que comenzamos este libro.

La generación se manifiesta en todos los planos, en cada uno de una forma más elevada, pero el principio es el mismo.

El signo de Acuario

Jesús mencionaba mucho «este mundo» y «el otro mundo». También anunciaba muchos cambios para «el fin del mundo». Una vez le preguntaron los Apóstoles cuándo llegaría ese fin del mundo que él tanto predecía, y Jesús les contestó: «Cuando veáis al hombre con el jarro de agua». No sabemos si los Apóstoles comprendieron la alusión, pero para esta generación está clarísima.

Todo el mundo sabe que el Zodíaco establece la precesión de los equinoccios o, en palabras muy baratas, es un círculo en el firmamento estelar compuesto por grupos de estrellas. Cada grupo tiene un nombre. Según la Astrología, cada mes del año está regido por uno de los grupos de las estrellas o Signos del Zodíaco. Son doce Signos, uno para cada mes del año; cada signo es acompañado por lo que llaman «un regente», que determina la naturaleza del signo.

Pero el Zodíaco tiene un significado mucho más profundo. Digamos que por fuera del circulito que cierra los doce meses de un año, hay un círculo mucho, pero mucho más grande. Tan grande que el espacio ocupado por 2.160 años aproximadamente (dos mil ciento sesenta) corresponde a un Signo del Zodíaco, o sea, que cada Signo con su regente gobiernan a la humanidad durante dos milenios y pico. Al final de cada una de estas Eras, el Signo que ha imperado comienza a esfumarse o alejarse y, simultáneamente, comienza a hacerse sentir la influencia del próximo Signo y las características del regente nuevo.

Lo que esto implica es que el Signo es como quien dice: «la orden del día» para toda la humanidad durante esos dos milenios y se puede leer perfectamente como sigue: El Signo que acaba de pasar es el de Piscis (los peces). Comenzó a alejarse a fines del siglo pasado, pero durante toda la Era en que actuó, la humanidad se mostró influenciada por el pez. Como base, a Jesús lo llamaban los cristianos «el pez» y adoptaron un dibujo de un pez como clave para indicar en qué lugar se iban a reunir. Ésa era la época de la persecución.

La religión católica, que imperó durante los dos milenios pasados, inconscientemente mostraba la forma del pez en la forma de la mitra del obispo (cabeza de pez con la boca abierta), en la forma gótica de las entradas a las iglesias y en muchas otras características.

El ánimo humano se volvió lacrimoso (agua del mar) y gozaba sufriendo. Las novelas eran dramas conmovedores; imperaba en todo el melodrama. Todo era pesado como el volumen del mar y fue la época de los grandes viajes del mar. El agua tiene dos fases, como todo, y son: negativa, porque pudre todo lo que esté en contacto con ella demasiado tiempo; y positiva, porque en ella nace la vida y contiene cantidad de potencialidades. El color de ese signo era negro, negativo.

Hacia el final de la Era y al aproximarse el Signo de Acuario, en el cual estamos, hubo la reacción que llaman «crisis»; como cuando una enfermedad hace crisis y se agravan todos los síntomas, justamente antes de empezar a mejorar. También fue inventado el submarino, es decir, el barco bajó a las profundidades del mar, acentuándose aún más la semejanza con un pez, hasta en el color plateado.

Al entrar más de lleno la Era de Acuario, que es un Signo aéreo, el submarino crió alas y se convirtió en avión, pero siempre plateado.

El carácter de Acuario es el del jardinero. Representa un hombre con un jarro de agua al hombro. Siempre ayuda a regir el agua, pero en cantidad razonable. El jardinero celeste cultivará su jardín para que las plantas den flores (para que la humanidad se perfeccione). El Signo lleva dos líneas irregulares a los pies del jardinero que significan «corrientes». Corrientes nuevas de pensamiento, corrientes eléctricas, caminos nuevos en el aire, etc. Fue descubierta la electricidad a fines del siglo XIX ya para entrar en el XX. Poco a poco fue invadiendo nuestras vidas hasta que vivimos en ella y por ella; junto con ella y rodeados de ella. Estamos abriendo nuevas rutas en el cielo. Ya la electricidad se graduó con el título de «electrónica». El elemento que va a terminar de transformarlo todo en una Era nueva y diferente es el Uranio, llamado como su regente, Urano. Los Signos alternan. Uno es Positivo, el próximo Negativo. Acuario es Positivo.

Para esta Era está predicha la unión de las religiones con la Ciencia. No habrá una religión que impere como imperó la católica en la Era pisciana. Todas se unirán en una sola Verdad.

Cada cambio de Signo trae grandes cambios en el planeta y en la mente. El nuevo Signo actúa como una purga que revoluciona todo lo antiguo para dejar limpio el terreno, acondicionado para la selección que trae el nuevo Signo.

El color de este Signo es el blanco. Es la Era espiritual y en la historia de la humanidad será la más grandiosa que haya imperado. Las señales que estamos viendo, tan alarmantes, tan perturbadoras no significan sino que Urano, llamado «el destructor», está efectuando su limpieza a mano armada. La destrucción es muy buena cuando rompe todo lo malo y viejo para dejarle

Colección
Metafísica 4 en 1

Aunque muchos libros han sido escritos basados en las *Leyes del Pensamiento*, muy pocos son los que combinan estas leyes con la Verdad Espiritual.

Es precisamente esta combinación lo que constituye una renovación para el lector no especializado. La *Colección Metafísica Conny Méndez* le ayudará a tomar el control de su vida, le enseñará a manejar su inmenso poder interior y lo guiará a través de canales constructivos mientras que la salud y la prosperidad se incrementarán visiblemente.

Conny Méndez siempre creyó que las verdades espirituales, filosóficas y metafísicas debían ser expuestas con las palabras más claras y sencillas, de manera que hasta un niño pudiera comprenderlas. De allí que la autora haya intentado, tanto como le fue posible, evitar el uso de una terminología técnica especializada. Por esa razón nunca empleó una palabra de tres sílabas en la que cupiera una de dos. Indudablemente, es otro motivo que explica el creciente e imparable éxito de esta poderosa *Colección Metafísica* que la autora nos dejó desde hace aproximadamente cincuenta años y que hoy sigue más vigente que nunca.

He aquí, pues, cómo los libros de Conny Méndez han capturado los corazones —y las almas— de millones de lectores de Metafísica en Latinoamérica, España, en la población de habla hispánica de Estados Unidos, así como de cientos de miles de lectores en naciones no hispanoparlantes que han comprobado que, en efecto, *la fe mueve montañas*.

LOS EDITORES

Volumen I *Volumen II* *Volumen III*

12 x 17 cmts.
344 pg.
978-980-6114-26-5

12 x 17 cmts.
328 pg.
978-980-6329-00-3

12 x 17 cmts.
320 pg.
978-980-369-080-9

✔ Disponibles en www.metafisica.com

CONNY MÉNDEZ

Colección Metafísica 4 en 1 en otros idiomas

Inglés

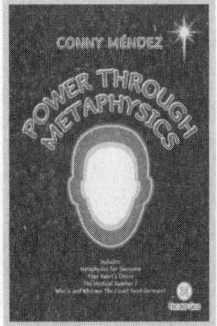

ISBN: 978-980-6114-10-4

ISBN: 978-980-6114-81-4

Francés

Italiano

ISBN: 978-88-6324-137-2

ISBN: 978-88-6324-054-2

Japonés

Vol. I, Tomo 1

Vol. I, Tomo 2

ISBN: 978-486-471-460-0

ISBN: 978-486-471-461-7

✔ Disponibles en www.metafisica.com

2da Edición

2da Edición

Misterios Develados

Esta serie de libros está dedicada con el más profundo Amor Eterno y Gratitud a nuestro amado Maestro Saint Germain, la Gran Hermandad Blanca, la Hermandad del Royal Teton, la Hermandad del Monte Shasta, y a aquellos Maestros Ascendidos cuya ayuda amorosa ha sido directa e ilimitada.

El propósito de poner este libro en manos del público es para comunicarle al individuo el valor y la fuerza que ha de sostenerlo a través de este período de transición en que vivimos.

Misterios Develados - Traducción y adaptación: Conny Méndez. Título original en inglés: *Unveiled Mysteries* por Godfré Ray King.

Formato 12x17 cmts. 272 pg.
ISBN: 978-980-6114-10-4

La Mágica Presencia

Esta serie de libros está dedicada con el más profundo amor y eterna gratitud a nuestros amados Maestros Ascendidos, Saint Germain, Jesús, Nada, El Gran Divino Director, nuestro Amado Mensajero Ascendido, Guy W. Ballard, la Gran Hermandad Blanca, la Hermandad del Royal Tetón, la Hermandad del monte Shasta, los Grandes Maestros Ascendidos de Venus, los Grandes Seres Cósmicos, la Gran Hueste Angélica, La Gran Luz Cósmica; y todos aquellos otros Maestros Ascendidos, cuya ayuda amorosa ha sido directa y sin límites.

La Mágica Presencia - Continuación de *Misterios Develados*. Traducción y adaptación: Conny Méndez. Título original en inglés: *The Magic Presence* por Godfré Ray King.

Formato 13.3 x 20.0 cmts. 288 pg.
ISBN: 978-980-6114-15-9

✔ Disponibles en www.metafisica.com

2ᵈᵃ Edición

2ᵈᵃ Edición

Metafísica al alcance de todos

*E*l presente libro está escrito en lo que esta autora llama *Palabras de a Centavo*; es decir, en los términos más sencillos para que sea comprensible al que necesita conocer la Verdad de Dios y que no tiene conocimientos para poder digerir los textos de psicología y metafísica, tal como están escritos en castellano. Lleva contigo un ejemplar de este libro. Reléelo a menudo, sobre todo cada vez que se te presente un problema; cada vez que te enfrentes a una situación angustiosa o molesta. Te va a ocurrir algo asombroso y es que el libro se abrirá en la página que te conviene consultar, y pensarás: ¡*Parece que esto fue escrito para mí*!

Formato 13 x 20 cmts. 112 pg.

ISBN: 978-980-369-23-6

Te regalo lo que se te antoje

El Secreto lo descubrió Conny Méndez hace más de 50 años y escribió este libro con su tradicional estilo positivo, buscando la prosperidad y sin olvidar lo más importante: el contenido espiritual. *Te Regalo lo que se te Antoje* (Caracas, 1969) no es otra cosa que el mismo secreto, sintetizado y adaptado para el idioma castellano, en palabras *de a centavo*, como ella solía decir, que responderá a muchas necesidades del ser humano.

Para comprender las enseñanzas de la Nueva Era y obtener plenamente los beneficios que ella encierra, se recomienda leer este pequeño libro en el que se explica la forma correcta de orar en la vida, el Amor, el Dinero, la Vida, la Muerte, la Voz de tu Alma, entre otros.

Formato 13 x 20 cmts. 144 pg.

ISBN: 978-980-369-083-0

✔ Disponible en www.metafisica.com

2ᵈᵃ *Edición*

2ᵈᵃ *Edición*

El Maravilloso Número 7

*E*l número siete simboliza el estado de totalidad e indica que se ha superado una etapa especial. Todo en la Creación recorre siete etapas de actividad y luego viene automáticamente un momento de descanso. El siete es un punto final para luego comenzar una nueva serie de siete pasos. Siete son los colores de nuestro prisma, los sonidos musicales, los días de nuestra semana, los dones del Espíritu Santo, los meses de gestación para sobrevivir, las edades del hombre para lograr su madurez, autoridad y libertad.

Ahora les presentamos en este volumen algunos otros *Sietes* poco conocidos, pero muy importantes para el estudiante para su desarrollo espiritual y su evolución en este Sistema.

Formato 13 x 20 cmts. 160 pg.

ISBN: 978-980-369-084-7

¿Quién es y quién fue el Conde Saint Germain?

*P*ara completar la primera etapa de la enseñanza Metafísica de la Nueva Era es necesario conocer quién es y quién fue el Conde Saint Germain. En esta obra la autora no pretende dar a conocer la última verdad respecto al Conde Saint Germain, ni al Maestro Ascendido Saint Germain, siendo los dos una misma persona. El propósito es aclarar primero, en lo que sea posible, ciertos enigmas que quedaron en las mentes después de la desaparición del Conde en el siglo XVIII, pero más importante es comunicar algunas revelaciones que le fueron encomendadas y transmitidas por el propio Maestro Saint Germain.

Formato 13 x 20 cmts. 112 pg.

ISBN: 978-980-369-85-4

✔ Disponible en www.metafisica.com

2da Edición

Piensa lo Bueno y se te Dará

*E*l contenido de esta obra es un mensaje positivo para la humanidad. La sencillez del tema inclina al lector a que asuma su éxito o su fracaso dependiendo, sin duda alguna, de la visión que posea de sí mismo y del mundo que lo rodea.

Las verdades más profundas pueden ser perfectamente comprendidas por toda persona mayor de diez años, siempre que le sean presentadas en lenguaje sencillo y en una forma que puedan aplicar a su vida diaria.

Formato 13 x 20 cmts. 112 pg.
ISBN: 978-980-369-082-3

2da Edición

El Libro de Oro de la Hermandad Saint Germain

*E*sta es la Sagrada Enseñanza que el Maestro Ascendido Saint Germain ha dispuesto para esta, Su Era de Oro, y que forma el Tercer Ciclo de Enseñanza de la Hermandad Saint Germain, después de lo cual el discípulo queda en conocimiento pleno de su Presencia «Yo Soy».

El Libro de Oro de Saint Germain - Traducción y adaptación original de Conny Méndez del libro en inglés: *The "I Am" discourses* por el Ascendido Maestro Saint Germain. El título en español *El Libro de Oro de Saint Germain* es original de Conny Méndez ©.

Formato 12 x 17 cmts. 320 pg.
ISBN: 978-980-6114-11-1

✔ Disponible en www.metafisica.com

2da Edición

El librito azul

*E*ste manual de metafísica en términos sencillos, está dirigido a quien necesite conocer la verdad de Dios. Está escrito en *palabras de a centavo*, como su autora solía decir, y se debe consultar constantemente, pero sobre todo cada vez que se presente un problema o se enfrente una situación angustiosa; en estos casos pasará algo asombroso, y es que el librito se abrirá en la página que se conviene consultar para propiciar la paz y la prosperidad.

En él encontramos temas muy variados como la mecánica del pensamiento, los decretos, la fe y el amor, entre otros.

Formato 13 x 20 cmts. 126 pg.
ISBN: 978-980-369-087-8

2da Edición

El Nuevo Pensamiento

*E*sta publicación es una recopilación de las nueve revistas con el mismo nombre cuya directora y autora fue Conny Méndez en la década de los años 70. Es una lectura muy interesante para los estudiantes de Metafísica porque en ella se encuentran temas sumamente variados. Todo el empeño de lo que divulga el Nuevo Pensamiento Metafísico es acelerar lo más posible la venida de esa Edad de Oro y que todos los humanos puedan participar rápidamente de este tesoro.

Formato 13.3 x 21 cmts. 304 pg.
ISBN: 978-980-6114-14-2

✔ Disponible en www.metafisica.com

2ᵈᵃ Edición
La Voz del «Yo Soy»

Una vez que Conny Méndez terminó de publicar la revista *El Nuevo Pensamiento*, entre 1970 y 1972, continuó con la dirección y edición de pequeños folletos que denominó *La Voz del «Yo Soy»*. Recopiló varios artículos relacionados con el aprendizaje y aportó otros escritos por ella. Los nombres de los instructores de Metafísica que Conny formó para la continuación de la enseñanza están en una lista en el apéndice de la presente edición.

En esta revista, al igual que en la anterior, se ofrecen diversos temas que el estudiante metafísico supo agradecer y tiene como mérito el haber sido reproducida manualmente por la autora en un pequeño multígrafo casero de marca Gestetner procedente de Inglaterra.

Formato 13.3 x 21 cmts. 176 pg.
ISBN: 978-980-6114-42-6

2ᵈᵃ Edición
Numerología

Los números siempre han sido utilizados para prácticas adivinatorias porque se cree en la relación entre ellos, los humanos, las fuerzas cósmicas y las espirituales, lo cual ha dado como origen a la numerología.

Pitágoras, filósofo griego cuyas teorías aún están en uso hoy en día, decía que las palabras tienen un sonido que vibra en sincronía con la frecuencia de los números y algunos otros pensadores señalan que los números nada más no son para cuantificar lo que tenemos a nuestro alrededor.

Conny Méndez, por su parte, empleó la numerología como otra de las prácticas a las que se dedicó por la relación que tiene con la metafísica por lo que aquí les brinda este tratado de Numerología.

Formato 13 x 20 cmts. 112 pg.
ISBN: 978-980-369-088-5

✔ Disponibles en www.metafisica.com

2ᵈᵃ Edición

Palabras de Los Maestros Ascendidos
Vols. I y II

Una vez más Conny Méndez nos obsequia su magistral traducción de los discursos pronunciados por los Maestros Ascendidos, que son todos aquellos grandes seres cósmicos de tal majestad y poder que difícilmente la mente humana puede captar.

El poder que manejan es ilimitado y en este justo momento se encuentran vigilando todas las actividades constructivas del mundo, dispuestos a liberar cualquier poder de sus Rayos de Luz cuando se requiera para dar protección a aquellos que sinceramente buscan y sirven a la Luz.

Cada discurso está poderosamente cargado con la Vida, la Luz y el Amor de cada Maestro Cósmico.

Formato 13.3 x 21 cmts. 224 pg.

ISBN: 978-980-12-9823-6 Vol. I
ISBN: 978-980-12-9824-3 Vol. II

4ᵗᵃ Edición

La Chispa de Conny Méndez
Humor y Memorias

La Chispa Venezolana de Conny Méndez, originalmente publicado en 1980, contenía sus memorias humorísticas Las Memorias de una Loca (Barquisimeto, 1955), su versión de la historia de Venezuela Histori-Comi-Sátira Del Guayuco al Quepis (Caracas, 1967) y el álbum de caricaturas Bisturí (París, 1931). En siguientes ediciones se insertó el cuento esotérico Entre Planos (Caracas 1958), se incluyó una Cronología que vincula los eventos más importantes en la vida de Conny Méndez con su producción artística y, para finalizar, se agregaron fotografías para ilustrar personas, momentos y rasgos artísticos de la polifacética Conny Méndez.

Formato 15 x 21.5 cmts. 272 pg.

ISBN: 978-980-6114-43-2

✔ Disponibles en www.metafisica.com

Conny Méndez

La caraqueñísima Conny Méndez, dicho por ella misma, era una toera porque hacía de todo. Fue una venezolana fuera de lo común; es posible que muchos jóvenes no hayan oído nunca el nombre de esta extraordinaria mujer.

Fue bautizada como Juana María de la Concepción, para dejarlo en Conchita. Era hija de Eugenio Méndez y Mendoza, escritor y poeta de finísima calidad, y de Lastenia Guzmán de Méndez y Mendoza.

Conny estuvo adelantada a su época, y allá por el año 1927 cuando las mujeres fumaban a escondidas, ella lo hacía en público y decía que ya se lo agradecerían las caraqueñas algún día, según cuentan sus allegados.

Desde muy joven se dedicó a casi todo y más o menos por orden cronológico fue de la siguiente manera: Autora y Compositora. Su primera composición fue *La niña luna*, que realizó y a manera de ensayo. Posteriormente compuso *La Negrita Marisol, Yo soy venezolana, Venezuela habla cantando y Chucho* y *Ceferina*, por citar sólo cuatro, y esta última es considerada por muchos como ejemplo de música folklórica. Luego vinieron muchísimas otras, algunas de ellas de enorme difusión conocidas por toda Venezuela y como cantautora deleitó a millares de personas interpretando sus propias piezas durante muchísimos años, tanto en el país como en el extranjero.

Como caricaturista y cronista trabajó en la revista *Nosotras* en su columna Aquí entre nos. Conny también fue pintora; comenzó en este campo haciendo paisajes y retratos. Durante 10 años gozó "un puyero" con sus paletas, pinceles y demás yerbas (como se expresaba), y llegó a terminar un sinnúmero de obras cuyo paradero ella desconoció, dado que muchas se las llevaban "prestadas, y la gente, lamentablemente, tiene tan mala memoria", decía.

Como escritora se proyectó principalmente a través de su libro *Memorias de una loca*, publicado en 1955, que hoy se conoce como *La Chispa de Conny Méndez,* y que resultó todo un bestseller. Es una recopilación de lo más divertido que le había ocurrido hasta entonces.

Como si todo esto fuera poco hay que resaltar la dedicación casi total que Conny Méndez le brindó a su gran pasión: la Metafísica. Una vez que se encontraba a bordo de un tanquero que la traía desde Estados Unidos durante la Segunda Guerra Mundial, conoció a la esposa de Henry Pittier. Esta dama inició a Conny en el mundo de la Metafísica. El viaje resultó toda una odisea y, por supuesto, en muchos momentos hizo falta mucha fe en Dios para sobrellevar el peso del tremendo peligro que les acechaba. En esos momentos Conny y la señora Pittier hablaron mucho de Filosofía y de Metafísica. Al llegar a Venezuela –"milagrosamente" como dijo Conny–, se lanzó de lleno a la búsqueda de cualquier material literario que existiera sobre Metafísica. Leyó todo lo que cayó en sus manos y un día, profundamente conocedora de esta filosofía, fundó la Hermandad de Saint Germain que se extendió, primero, por toda Venezuela, y luego por toda Latinoamérica. Y en este campo siguió tan activa que viajó y dictó conferencias, y se comunicó con los miles de amigos que tenía en todas partes.

Su producción más notable la constituyen cuatro pequeños tomos de Metafísica: *Metafísica al alcance de todos, Te regalo lo que se te antoje, El maravilloso Número 7* y *¿Quién es y quién fue el Conde Saint Germain?*, recopilados en un solo volumen titulado *Metafísica 4 en 1*.

Por todas estas razones no se exagera un ápice al tildar a Conny como una venezolana totalmente fuera de lo común.

Funda en 1946 el movimiento de Metafísica Cristiana en Venezuela, consagrándose de lleno a la enseñanza esotérica a través de sus libros y conferencias. Fue condecorada en tres ocasiones con: Diploma y Botón de Oro Cuatricentenario, 1967; Diploma y Medalla de Buen Ciudadano, 1968; Orden Diego de Losada en 2a. Clase, 1976. Recibió además, en reconocimiento de su labor artística, cultural y humanitaria, numerosos homenajes y galardones, así como diversas placas en reconocimiento de su labor en el campo de la Metafísica Cristiana.

✠

Para más información por favor escriba o visite:

E-mail: infolibros@metafisica.com
Web: www.connymendez.com
Instagram: @connymendez - https://conny.co/igr
X: @connymendez - https://conny.co/x
TikTok: @connymendezoficial - https://conny.co/tok
Facebook: ConnyMendezMetafisica - https://conny.co/fb
YouTube: @ConnyMendezMetafisica - https://conny.co/yt

Este libro se terminó de imprimir en
el mes de diciembre de 2024 en Romanyà Valls, S.A.
Capellades (Barcelona).